CHRISTINE CAINE

INCONMOVIBLE

Inconmovible está lleno de historias convincentes y reveladoras que transforman la vida. Te desafiará a permitir que la luz y la esperanza de Cristo brillen a través de ti en los lugares oscuros de este mundo.

—JOYCE MEYER
Maestra de la Biblia y autora exitosa

La devoción y la lealtad de Christine son inconmensurables. Su propia historia de redención enmarca el núcleo central de su sistema de creencias y alimenta su infinita pasión. Confiamos en que *Inconmovible* no solo desate libertad en el lector, sino también en aquellos mundos individuales en los que influimos, y que resulte en multitudes bendecidas.

—BRIAN Y BOBBIE HOUSTON
Pastores titulares, Hillsong Church

Este libro será como una alarma que suena en las profundidades de tu alma. El hilo de la espléndida gracia y la cautivadora misericordia de Dios se prolonga hasta nosotros y luego, por medio de nuestra vida, se entreteje a lo largo de cada capítulo. Chris nos ha dado lo que la iglesia estaba esperando, aquello que anhelaba hasta la muerte: ¡un recordatorio del amor de Dios y luego un puntapié en las posaderas que nos impulsa a ocuparnos de vivir de un modo diferente!

—PRISCILLA SHIRER
Maestra de la Biblia y autora exitosa
según el *New York Times*

Me encanta el corazón inconmovible de Christine. Y me fascina este mensaje que hace que les demos vuelta a las páginas. Sus palabras nos liberarán de las cuerdas del temor y la incertidumbre que nos impiden cumplir nuestro propio llamado. Luego, con una verdad cuidadosamente estudiada, Christine enciende una nueva pasión en lo profundo del alma de su lector. No permitas que el miedo haga que te pierdas lo mejor de tu vida. ¡Lee este libro hoy!

—LYSA TERKEURST
Autora exitosa según el *New York Times*,
oradora en Mujeres de Fe y
presidenta del Ministerio Proverbios 31

Si hay alguien que pueda motivarte a perseguir el llamado de Dios en tu vida, es Christine Caine. *Inconmovible* te estimulará, desafiará y retará a dar un salto gigante para adentrarte en la aventura de una vida entregada por completo a Cristo.

—CRAIG GROESCHEL
Pastor titular de LifeChurch.tv,
autor de *Destino divino*

La obra de Christine es fascinante, ya que te enseña mediante historias personales que eres alguien con un llamado y capaz de experimentar una vida llena de audacia, valor y propósito. Me siento agradecido por su ejemplo y liderazgo, que nos alientan a todos a ser inconmovibles. Este libro, fruto de una de las voces más extraordinarias del mundo en el cuerpo de Cristo, ha sido largamente esperado.

—JENTEZEN FRANKLIN,
Pastor titular, Free Chapel; Autor de *El ayuno*,
éxito de ventas según el *New York Times*

Christine Caine se atreve a hacer brillar una luz en los lugares sucios y oscuros, plagados de circunstancias que alteran la vida: tráfico humano, pérdida, dolor, identidad y maltrato. Siendo una mujer de valor inconmovible, afronta los desafíos con una perspectiva piadosa y puntos de aplicación práctica de gran valor para cualquier lector que lidie con el llamado a enfrentar la adversidad y efectuar un cambio verdadero.

—DR. ED YOUNG
Pastor titular, Second Baptist Church, Houston, Texas

Prólogo por MAX LUCADO

CHRISTINE CAINE

INCONMOVIBLE

Atrévete a responder el llamado de Dios

◼ | Vida®

La misión de Editorial Vida es ser la compañía líder en satisfacer las necesidades de las personas con recursos cuyo contenido glorifique al Señor Jesucristo y promueva principios bíblicos.

INCONMOVIBLE
Edición en español publicada por
Editorial Vida – 2014
Miami, Florida

© 2014 por Christine Caine
Este título también está disponible en formato electrónico.

Originally published in the USA under the title:
UNDAUNTED: DARING TO DO WHAT GOD CALLS YOU TO DO
COPYRIGHT © 2013 BY CHRISTINE CAINE
Published by permission of Zondervan, Grand Rapids, Michigan 49530
All rights reserved
Further reproduction or distribution is prohibited.

Editora en Jefe: *Graciela Lelli*
Traducción: *Loida Viegas*
Edición: *Madeline Díaz*
Diseño interior: *Artserv*

ISBN: 978-08297-6545-8
Categoría: *Vida cristiana / Crecimiento espiritual*
Impreso en Estados Unidos de América
Printed in the United States of America

14 15 16 17 RRD 6 5 4 3 2 1

A mi esposo, Nick,
y a mis preciosas hijas, Catherine y Sophia.
Ustedes son los mayores regalos que Dios me ha dado.
Por siempre estaré agradecida.

Porque somos hechura de Dios, creados en Cristo Jesús para buenas obras, las cuales Dios dispuso de antemano a fin de que las pongamos en práctica.

EFESIOS 2.10

Contenido

Prólogo

Me he preguntado cómo sería visitar al apóstol Pablo, el heraldo de la gracia, predicador del evangelio, trotamundos y rompedor de cadenas.

He imaginado una buena conversación con María, la madre de Jesús, la sencilla muchacha de pueblo que, tras saber que era virgen y estaba embarazada, le respondió al Señor: «Haré todo lo que digas».

He visualizado una conversación con Ester, la libertadora salida de la nada. Ella se atrevió a emerger de las sombras, y por sus actos se salvó toda una nación.

Pablo, María, Ester. Resulta que los he conocido a los tres en la persona de Christine Caine.

Ella posee el coraje de Pablo. Apenas ha salido al escenario, o se ha sentado a la mesa, y ya la estás oyendo hablar sobre sus pasiones: Jesús, su familia y las niñas olvidadas de la trata de esclavos. Uno sabe cuál es su postura. Y se percibe a quién ama. Ese sentir suyo es contagioso. Maravillosamente infeccioso.

Tiene la obediencia de María. ¿Quién habría identificado a una rubia impulsiva, griega de nacimiento y criada en Australia con alguien que cambiaría al mundo? Con todo, al igual que la madre de Jesús, ella lleva a Cristo a las naciones. A dondequiera que Christine va, desde Sudáfrica hasta Europa del Este, irradia esperanza.

En especial para las niñas que la consideran una Ester, los millones de chicas adolescentes que pasan por la agonía del más cruel de los inventos de Satanás: el comercio del sexo. Estas jovencitas se hallan en el momento de convertirse exactamente en eso, en mujercitas.

Deberían estar escuchando música, leyendo libros y coqueteando con los muchachos. En vez de ello, se ven encerradas en burdeles, golpeadas, violadas y tratadas como ganado.

¿Su única esperanza? Jesucristo. Y él ha escogido obrar por medio de personas como Christine. Cristo no solo es la raíz de la que se deriva su nombre, sino que se vuelve patente en su rostro, su determinación, su coraje y su gozo. Christine hace que el resto de nosotros deseemos amar al Jesús que ella ama de la manera en que ella lo hace.

Mi oración es que leas este libro. Si lo haces, descubrirás lo mismo que yo: Dios le ha dado un Pablo, una María y una Ester a nuestra generación. Y su nombre es Christine Caine.

Dios le ha proporcionado a nuestra generación la oportunidad de producir un impacto en la más repugnante atrocidad del siglo.

Tras haber leído este libro, he decidido hacer más.

Espero que tú también.

Max Lucado

capítulo 1

El momento de *La lista de Schindler*

La Grecia que encontré aquel miércoles por la tarde del mes de marzo del 2010 no era la que recordaba de mi luna de miel, catorce años antes. No había imponentes edificios encalados. Ni tejados de baldosas de lapislázuli. Ni música festiva. Ni mercados al aire libre con vendedores de aceite de oliva recién prensado, queso feta que te hacía la boca agua, o melón fresco.

Nada de esto. Aquella tarde, las calles estaban vacías, negras, húmedas. El Mediterráneo, siempre de un azul cristalino, golpeaba oscuro e irregular contra el puerto de embarque de Thessaloniki. Es extraño cómo el miedo lo cambiaba todo sin tener en cuenta la estación del año, aunque había sido un largo y duro invierno.

¿Es así como ellas lo ven?, me pregunté.

«Ellas» eran las jovencitas de catorce años, procedentes en su mayoría de Europa del Este, recientemente rescatadas del tráfico sexual. Sin embargo, no habían comenzado su viaje como mujeres. Cuando las engañaron para que salieran de sus hogares en Ucrania, Bulgaria, Georgia, Albania, Rumania, Rusia, Uzbekistán y Nigeria, no eran más que simples colegialas. Tenían dieciséis, diecisiete, dieciocho años. Unas niñas que deberían haber estado tonteando sobre música y baloncesto, preocupadas por qué ponerse para ir a la escuela... y no por cómo sobrevivir al minuto siguiente.

Aquella tarde sombría, escondidas, a salvo en una casa segura dirigida por Campaña A21, el ministerio de rescate que Nick, mi esposo, y yo habíamos fundado seis meses antes, teníamos que hablar cara a cara de una parte de Grecia que yo no había conocido jamás. No dejaba de repetirme: *no se trata de una película. No es un «reality» televisivo. Esto es real. Es real.*

Las muchachas y yo nos sentamos en medio de un silencio incómodo. ¿Cómo hablar de las indecibles profundidades de la vergüenza y la angustia?

Nadia cobró valor. Con voz entrecortada nos contó cómo se había criado en un pueblo de Georgia en tiempo de guerra y privaciones. Su familia poseía abundancia de amor, pero no de alimentos. La pobreza los consumía. Durante años vivió de sueños: soñaba con escapar del hambre, con un mundo lejos de aquel pueblo asolado, con llegar a ser enfermera. Si fuera una de ellas, como las que veía curando las heridas de los soldados en su aldea, podría salir de allí. Viajaría. Vería un mundo hermoso, uno en el que desempeñaría un papel útil.

No obstante, las muchachas de las pobres aldeas georgianas no sobrepasaban el segundo grado en la escuela. Lo único que necesitaban aprender era a cocinar y limpiar, no a leer y escribir. Después de todo, ¿qué hombre querría casarse con una mujer más educada que él? ¿Acaso no era eso lo único que cabía esperar: casarse, cuidar de la casa, tener hijos, depender del marido para todo?

Como hija obediente que deseaba complacer a sus padres por encima de todo, Nadia intentó apagar su sueño secreto. Sin embargo, los rescoldos quedaron en su corazón.

Así que tres semanas antes de su decimoséptimo cumpleaños, cuando un hombre se acercó a su grupo de amigas en la parada del autobús y les habló sobre las oportunidades de trabajo que había en Grecia, aquellas ascuas se prendieron con viveza. El individuo les contó que era un país hermoso y que allí la gente prosperaba. Les refirió que abundaban puestos de trabajo bien remunerados como camareras, peluqueras o dependientas. Precisó que habían vacantes esperando a que llegaran enfermeras.

Aquel hombre le entregó un folleto y le indicó que el próximo viernes, en una reunión, les proporcionarían todos los detalles. Durante la semana siguiente, la luz de la oportunidad cegó a Nadia. Su sueño parecía tan posible, tan cercano. El viernes llegó temprano al salón de la comunidad del pueblo y encontró un sitio en la primera fila. Varias docenas de muchachas fueron llegando después de ella. La sala se llenó de entusiasmo, de conversaciones. Algunos hombres se presentaron como intermediarios e hicieron una convincente exposición de las oportunidades en Grecia. Prometieron un brillante futuro. Repartieron los formularios necesarios para obtener el pasaporte y la visa de trabajo, y ayudaron con toda paciencia a las chicas a llenarlos.

Nadia abandonó el salón de la comunidad llena de esperanza. Corrió a su casa y les contó a sus padres acerca de la oportunidad que tenía de comenzar una nueva vida. No solo conseguiría educación y formación como enfermera, viviendo una vida de servicio a los demás, sino que pronto podría enviar dinero a casa para toda la familia.

Sus padres se sintieron preocupados. ¡Grecia estaba tan lejos! Sin embargo, las ascuas de la esperanza también prendieron en ellos. Quizás su hija podría salir adelante como sus padres no pudieron hacerlo jamás. Tal vez se haría de una profesión, ganaría buenos ingresos. Quién sabe si no podría ayudarlos a ellos a iniciar del mismo modo una nueva vida. Tras mucha discusión, acordaron con renuencia dejarla marchar. Exprimieron sus cuentas, vendieron todo lo que pudieron, y hasta pidieron prestado para juntar a duras penas el monto que Nadia tendría que entregarles a los agentes de contratación para su pasaje a Grecia. El sueño de su hija de felicidad, éxito y prosperidad se convirtió en el suyo propio.

En el aeropuerto griego las recibió una mujer de la agencia que las contrataba, no hablaba ruso. Nadia no hablaba griego. Sin embargo, a pesar de la confusión, acompañó a aquella señora a un edificio de apartamentos donde se le mostró una habitación que, supuestamente, sería la suya. La mujer se marchó y ella comenzó a deshacer su equipaje.

Pocos minutos después comenzó su pesadilla. Varios hombres entraron precipitadamente y cerraron la puerta con llave. La golpearon y la violaron varias veces. Ella intentó luchar. Gritó pidiendo ayuda hasta que no le quedó voz. No obstante, por cada protesta, por cada chillido, recibió más insultos, más tortura.

Confusa, asustada, avergonzada, adolorida y quebrantada, Nadia intentó retirarse a un lugar oscuro, muy dentro de sí misma.

Las palizas y las violaciones continuaron durante dos semanas. Finalmente, se le habló sobre su trabajo. No sería en un hospital. Tampoco en un restaurante. Era en un burdel. Su nueva vida consistía en ser una esclava sexual. «Si no haces lo que te decimos, mataremos a tu familia», le advirtieron.

Ella llegó a la conclusión de que una gente tan malvada con toda seguridad cumpliría aquellas amenazas. Además, le habían quitado toda su documentación, incluido el pasaporte, y no sabía hablar griego ni tampoco tenía la más remota idea de dónde se encontraba. Aun logrando escapar, sabía que no llegaría muy lejos, ni que hablar de conseguir regresar a su hogar en Georgia. Se sintió totalmente sola, aunque aquellos hombres que creyó eran agentes de contratación la rodeaban las veinticuatro horas del día, siete días a la semana. Cuando no estaban en su habitación, montaban guardia delante de su puerta y le daban paso a un constante flujo de clientes con los que se veía obligada a realizar actos innombrables... ¡hasta cuarenta veces al día!

Ya dudando de que hubiera un Dios en el cielo (¿por qué habría permitido que aquello sucediera?), Nadia le suplicó de todos modos. *Déjame morir*, rogó. *Caer en el olvido sería mejor que esto*. El silencio y el horror la hundieron aun más en la desesperación. Ya no quedaba ningún rescoldo de su sueño, y menos todavía cualquier esperanza de regresar a una vida con su familia, a las cosas conocidas y la libertad.

Un día, cuando el hombre que la vigilaba la dejó en su habitación, olvidó cerrar con llave la ventana. Aunque se encontraba en el tercer piso del edificio de apartamentos, Nadia se subió a la barandilla del balcón. *Tal vez, con un poco de suerte, el impacto me mate. Ah, Dios*, oró, *permite que esta pesadilla acabe.*

Ella saltó.

Una mujer que pasaba por allí vio cómo una joven se tiraba desde un balcón de la tercera planta y se estrellaba sobre la acera. Horrorizada, corrió hacia Nadia, que milagrosamente había resultado ilesa.

Nadia oyó hablar a la mujer... y le sorprendió entender que le preguntaba si se encontraba bien. ¿Había muerto? ¿Estaba en el cielo? No. Otro milagro. ¡Aquella mujer era real! ¡Y hablaba ruso! ¡Quería ayudarla! Rápidamente, Nadia la puso al corriente de su difícil situación.

La mujer levantó a Nadia del suelo y la llevó a la comisaría de policía, donde redactaron un informe. A continuación, la policía escondió a Nadia en una casa segura para protegerla de los traficantes.

～

Aquella tarde del mes de marzo las chicas que me rodeaban, una tras otra, compartieron historias como la de Nadia. La mayoría había sido criada en las antiguas naciones comunistas empobrecidas de Europa del Este. Cada una de ellas había venido a Grecia esperando hallar un empleo legal. Todas habían traído consigo sueños, esperanzas y aspiraciones de hacer algo más con su vida de lo que su propia familia había imaginado posible. Todos aquellos sueños tiernos de juventud habían sido destrozados de un modo que superaba con creces los peores temores.

Lo que más me impactó fue darme cuenta de que, por cada una de aquellas jóvenes con las que hablé aquel día, había miles que seguían atrapadas en el comercio de la esclavitud sexual sin vía de escape; cientos de miles de mujeres cuyo dolor indecible permanecía envuelto en el secreto. Silenciado.

Más tarde fue Mary, de Nigeria, la que contó su historia. Ella y otras cincuenta y nueve muchachas habían llegado a Grecia en un contenedor de embarque.

«Un momento», la interrumpí. «¿Quieres decir que las amontonaron en un barco?». Pensé que no la había entendido bien, o que se había perdido el significado de algo en la traducción.

Mary repitió: la habían traído a Grecia, junto a otras cincuenta y nueve muchachas, en un contenedor de embarque.

¿Un contenedor transportado en un barco? ¿Uno igual al que una empresa de mudanzas me había alquilado para traer mis enseres domésticos por barco a nuestro nuevo hogar? «¿Una caja?», insistí. «¿Un contenedor como los que se usan para llevar mercancías personales y comerciales, no personas?».

Exactamente, me aseguró Mary; una caja, un contenedor que se carga en un barco. Cuando ella y las otras cincuenta y nueve muchachas llegaron al puerto el día de su partida, creían que viajaban hacia puestos de trabajo bien remunerados, en un país lleno de oportunidades. En vez de ello, los agentes de contratación les dieron la bienvenida anunciándoles que había complicaciones con el papeleo. O viajaban dentro de un contenedor, se les dijo, o perderían el depósito entregado y cualquier oportunidad futura de trabajar en el extranjero. O hacían el trayecto dentro de un contenedor de embarque o daban media vuelta y se marchaban a casa.

«Nuestras familias habían dado todo lo que poseían para pagar nuestro pasaje», explicó Mary.

De manera que una tras otra, perplejas y asustadas, las chicas entraron en el contenedor. Cuando la última jovencita estuvo adentro, la puerta se cerró de un portazo y oyeron cómo corrían el cerrojo. Ellas se sentaron heladas en la oscuridad.

«¡Entonces se rompió la burbuja! ¡Se rompió la burbuja!», exclamó Mary.

«¿Qué burbuja?».

El filtro, me explicó, lo que permitía que el oxígeno circulara dentro del contenedor. Dejó de funcionar y el interior de la estrecha caja quedó de repente a oscuras y sin aire.

Se me escapó un grito ahogado al imaginar la rapidez con la que el oxígeno se agotaría, el calor que experimentarían, las mujeres boqueando en busca de aire en la más completa oscuridad.

El viaje en aquel contenedor sellado fue espantoso. La mitad de las muchachas fallecieron por falta de oxígeno. La otra mitad, las más fuertes, estaban también próximas a la muerte. No había dónde sentarse más que sobre su propio vómito y sus heces, ya que se vieron obligadas a aliviarse en el suelo del contenedor. Mary contaba que cuando los hombres del puerto abrieron el contenedor, retrocedieron horrorizados por el olor a muerte, decadencia y excrementos.

Una de las muertas era Anna, la mejor amiga de Mary. Había tenido una muerte atroz, asfixiándose como si la hubieran enterrado viva. Sin embargo, Anna era real, insistió Mary aquel día. Anna había existido. Y se le debía recordar.

Los agentes de contratación prefirieron olvidar. Más interesados en obtener rápidamente del astillero lo que ellos denominaban su «mercancía embarcada», llevaron a las supervivientes a unos pequeños apartamentos cercanos donde, como Nadia, las chicas fueron violadas y golpeadas repetidas veces.

Una mañana, antes de que saliera el sol (Mary había perdido todo sentido del paso del tiempo), amontonaron a las chicas en pequeñas barcas de goma en las que cruzaron el Mediterráneo hasta una isla griega. Fue la primera vez que se dieron cuenta de que el viaje original ni siquiera las había llevado a Grecia. Las habían vejado en Turquía. Ninguna de las promesas de los agentes se había cumplido.

Ya en la barca, Mary sintió una oleada de esperanza. Aquella mañana la guardia costera griega estaba haciendo un control rutinario, algo inusual a aquellas horas, según supo más tarde. Esperaba que, a diferencia de la tripulación de los muelles, no se les pudiera sobornar para que se hicieran los de la vista gorda. Los captores de Mary dieron muestras de pánico. Aunque estaba helada, privada de sueño y comida, quebrantada y conmocionada, su esperanza fue en aumento. ¡Rescate! ¡Justicia! Una vez capturados, los traficantes se enfrentarían a un largo encarcelamiento.

Y por esa misma razón, estos hombres harían cualquier cosa por evitar que los atraparan.

Ellos empezaron a tirar a las chicas por la borda.

Solo cinco de las aproximadamente treinta chicas que habían

sido lo suficiente fuertes para sobrevivir al viaje mortal en el contenedor de embarque se salvaron de ahogarse aquel día.

Cuando la guardia costera subió a bordo, las cinco fueron escondidas entre sus captores. Finalmente, a su llegada a Atenas, las llevaron a un burdel, donde se repitió la pesadilla del apartamento turco. Mary y las demás fueron obligadas a participar a diario en indecibles encuentros con docenas de hombres. Ella se hundió aun más en la desesperación, deseando haberse asfixiado también en el contenedor, o ahogado en el mar Mediterráneo.

El horror prosiguió durante semanas. O tal vez fueran meses... Mary no podía decirlo a ciencia cierta. No obstante, un día las autoridades contra la trata de personas hicieron una redada en el burdel, en respuesta a una denuncia. Mary y las demás chicas fueron amontonadas en la parte trasera de lo que parecía ser una furgoneta policial. ¿Las estaban rescatando? Si los agentes de contratación podían ser malvados, ¿no ocurriría lo mismo con la policía? Insegura y destrozada, Mary y una docena más de muchachas fueron llevadas a toda prisa a otro edificio de apartamentos. La policía las hizo entrar con precipitación y ellas esperaron atemorizadas y resignadas. Sin embargo, en lugar de golpes y violaciones, se les dio descanso, comida, agua y paz.

Aunque ya no estaba en una prisión física, Mary permaneció en silencio, atormentada constantemente por las pesadillas recurrentes. El horror diario podía haber cesado, pero el dolor no dejaba de gritar.

Mary estaba a salvo, no obstante, todavía no era libre.

✦✦✦

Perpleja, permanecí en silencio después que Mary terminara de contar su historia. A mi alrededor, las jóvenes sentadas en torno a la mesa también continuaron calladas, casi en actitud reverente. A pesar de ello, en mi interior se desencadenaba una tormenta de pensamientos. Las preguntas martilleaban mi quebrantado corazón: *¿cómo podía ocurrir algo así en nuestro mundo hoy en día? Independientemente de la cantidad de dinero involucrada, ¿cómo podía haber alguien tan depravado como para convertir a otros en esclavos sexuales, sin hablar de*

hacer de esto una operación internacional, esclavizando no tan solo a una
muchacha, sino a cientos de miles, una y otra y otra vez?

Sonia, una chica rusa que había llegado al refugio el día antes,
interrumpió el flujo de mis pensamientos. «¿Por qué estás aquí?»,
inquirió con sus ojos entrecerrados por la sospecha. «¿Por qué has
venido?».

Su tono era airado y podía sentir la desconfianza detrás de su
pregunta: ¿sería yo quien decía ser? ¿Era alguien que pudiera ayudarlas? ¿O tal vez resultaría tan falsa, insensible y perversa como
los agentes de contratación?

Me pregunté: *¿cómo puedo hacerle comprender que yo también sé lo*
que supone estar atrapada, esclavizada, sin salida aparente, sin poder avan-
zar ni volver hacia atrás? ¿Cómo puedo hacerle ver que, por desalentadora
que haya sido su esclavitud, existen prisiones igual de negras en el interior
de uno mismo, cárceles donde Sonia y muchas de aquellas muchachas
aquí sentadas se han refugiado? ¿Cómo puedo hacer que cada una de estas
jóvenes sepa que me preocupo por ellas del mismo modo en que alguien se
interesó lo suficiente por mí para buscarme en mi dolor?

Oh, Dios, oré. *¡Ayúdame a ayudarlas!* Respiré profundamente y
miré a Sonia durante un largo instante.

Me dirigí a ella y al resto de las mujeres: «Sé que solo hay un
libertador que tiene el poder de librarnos de la prisión más oscura.
Se trata del Dios al que amo y que nos ama tanto que lo dejó todo
y vino por nosotros, a fin de liberarnos. Él nos creó a todos y cada
uno de nosotros con un propósito único y un destino espléndido.
Él corrige lo que el mundo hace mal. Sus planes son para bien y no
para mal. Sus caminos son rectos y llenos de misericordia. Vino a
darme una esperanza y un futuro… y también a dárselo a ustedes.
Sus promesas son verdad. Su amor está lleno de perdón y paz, de
gozo y bondad, de gracia. Él es el verdadero rescatador. Nos salva
de cualquier prisión, ya sea física, emocional o espiritual, de aquellas en las que caemos forzados o debido a nosotros mismos. Él nos
escoge. Puede hacer todas las cosas nuevas. Nos ama sin condición,
constantemente y para siempre. Nos ama mientras estamos destrozados, y también cuando nos devuelve nuestra integridad. Y nos
pide a quienes lo amamos que amemos a los demás de la misma

manera. Que los escojamos. Que seamos agentes de su esperanza, perdón y gracia. Nos pide que nos unamos a él para rescatar a otros. »Por eso estoy aquí», afirmé. «Por eso he venido».

Los ojos de Sonia se inundaron de lágrimas. Podía ver cómo luchaba con el concepto del amor incondicional, con el significado de la gracia, de todas las cosas hechas nuevas. Todos los *porqué* y *cómo* en cuanto a lo que yo había dicho hicieron fruncir su ceño. Hacía mucho que en su interior todos los *qué tal si* y las posibilidades habían muerto. Sin embargo, allí estaba yo, resucitándolos.

¿Qué tal si hay buenos agentes y verdaderas promesas, y un Dios que me ama, me escoge y puede librarme de la pobreza, la traición y el temor, el dolor y el horror? ¿Qué tal si...?

¡No! Sonia no podía creer nada de esto. Era demasiado bueno para ser cierto. Lo sabía todo sobre promesas demasiado atractivas para ser reales. El riesgo de permitir que la esperanza volviera a entrar en su vida, solo para ver cómo se frustraba de nuevo, era demasiado. Su angustia se convirtió en ira y se retiró de la mesa. «Si lo que me estás diciendo es cierto», gritó, «si lo que dices sobre tu Dios es verdad... entonces... ¿dónde estabas? ¿Dónde has estado? ¿Por qué no viniste antes?».

¿Por qué no viniste antes?

Las chicas no se movieron a mi alrededor. Nadie habló. Sin embargo, podía sentir sus ojos clavados en mí, sus mentes gritaban la misma pregunta. Me sentí como Mary dentro de aquel contenedor, con el peso de un clamor tan sentido oprimiéndome como una oscuridad asfixiante y sofocante. Apenas podía respirar.

¿Por qué no viniste antes?

La pregunta parecía repetirse como un eco. En el poder emocional del momento, la imagen de Sonia centellaba del otro lado de la mesa, con sus ojos enfadados y angustiados, y se transformó en la asustada muchacha de diecinueve años recluida en una habitación durante un año, siendo obligada a prestar servicio a un mínimo de veinticinco hombres cada día. Aquella imagen se transformó en otra: la de una niña confusa, herida y sola, que se autolesionaba, abusaba de las sustancias o se daba atracones de comida como una forma de apagar su dolor emocional. Y luego en otra, pobre y hambrienta, incapaz de alimentar o proteger a su familia. Y en otra imagen: esta vez de niños sufrientes y moribundos por la desnutrición. Más imágenes: depresión, suicidio, abuso...[1]

Los rostros se volvieron tan numerosos como granos de arena. ¿Un centenar? ¿Dos mil? ¿Un millón? Demasiados. Tantos granos de arena que se fundieron entre sí, imposibles de distinguir, fluyendo como las aguas del mar; un océano de rostros flotando durante un minuto, enfocados y desenfocados, borrosos, distorsionados por la profundidad del sufrimiento, la soledad, la necesidad, el abatimiento, la desesperanza. Un océano de rostros sumergiéndose, hundiéndose. Oía cómo su grito se perdía en la profundidad. Y percibía también mi propio clamor al hundirme en la negra desesperación.

¿Por qué no había venido antes?

En la superficie, claro está, había una respuesta razonable. Muy razonable, una excusa irrefutable: no había venido porque desconocía su terrible situación. ¿Cómo podía haber acudido antes de saberlo? ¿Cómo se me podía culpar de no haber solucionado un problema cuya existencia ni siquiera conocía?

Sin embargo, no me serví de esa excusa. Y no lo hice porque la profundidad de su dolor, la realidad de su sufrimiento a manos de hombres crueles y perversos, merecía algo más que pretextos. Así que no me excusé, ya que me vi lanzada a un recuerdo que no solo puso el sufrimiento y la terrible situación de estas mujeres en una asombrosa perspectiva, sino también mi propia reacción.

En mi mente empezó a desarrollarse una escena de la película *La lista de Schindler*. Este film, producido por Steven Spielberg en 1993, recoge la historia de Oskar Schindler, un hombre de negocios gentil en la Alemania nazi que salvó la vida de más de mil judíos quebrantando la ley a fin de que siguieran trabajando en sus fábricas. En una poderosa escena, al final de la película, una multitud de los que se habían salvado le expresan su agradecimiento a Schindler, un personaje interpretado por Liam Neeson, justo antes de que él mismo huyera para ponerse a salvo. Los agradecidos judíos le regalan un anillo que lleva inscrito en su interior un dicho del Talmud: «Quien salva una vida, salva al mundo entero». No obstante, afligido, Schindler se lamenta: «Podría haber salvado a muchos más. Podría haber salvado a muchos más. No sé... si tan solo hubiera... malgasté tanto dinero... No tienen ustedes ni idea... No hice lo suficiente». Mira su automóvil. «¿Por qué conservé el auto? Habría salvado a diez personas». Se arranca un prendedor de la solapa. «Este alfiler... Es oro. Dos personas más... y no lo hice. ¡No lo hice!». Y entonces se derrumba hecho un mar de lágrimas, derrotado, pero no por todo lo que *sí* había hecho, sino porque el prendedor de su solapa le había importado más, al parecer, que la vida de dos personas.

En aquel momento, sentada alrededor de una mesa en Thessaloniki con esas mujeres rescatadas tan recientemente de la esclavitud, y a pesar de ello tan desoladas, experimenté un momento similar al de *La lista de Schindler*. Fue el instante en que me pregunté qué había representado en mi vida el prendedor de oro de Schindler, qué había sido tan precioso para mí que jamás se me ocurrió utilizarlo para rescatar la vida de otra persona.

Quien salva una vida salva al mundo entero.

No echaría mano de excusa alguna.

«No lo sé», tartamudeé al fin. «No sé por qué no vine antes». ¡Qué palabras tan débiles, pequeñas y ligeras para una pregunta de tanto peso! «Lo siento. Lo siento de verdad. Por favor, perdónenme».

El silencio se hizo todavía más pronunciado. El tiempo pareció haberse detenido. Nada me importaba en ese momento; solo aquellas muchachas, su desesperación, y la sanidad que Dios podía proporcionarles. Aunque me pareció que el silencio duró una eternidad, me sentí notoriamente presente, muy en sintonía con la realidad que estaba viviendo.

«Quiero que sepan», afirmé con una nueva convicción, «que ahora he oído sus clamores. Las he visto. Las veo en estos momentos». Me volví hacia Mary. «Te *veo*, Mary. Y cuando lo hago, veo a Anna». Giré hacia Sonia. «Te veo, Sonia». Dirigí una mirada intensa a cada una de las jóvenes sentadas en torno a la mesa. «Las veo a cada una de ustedes. Las oigo. Las conozco por su nombre. He venido por todas ustedes».

Quería ver a estas chicas como Jesús las veía: no como un mar de necesidades, sino como seres individuales que él había llamado por su nombre, escogido una por una y amado. Escuché sus palabras antes de pronunciar las mías propias: *diles que tengo sus nombres escritos en mi libro.*[2] *Que vine a traer buenas nuevas a los pobres. A sanar a los quebrantados de corazón. A libertar a los cautivos. Asegúrales que estas promesas son para aquí. Ahora. Y también para la eternidad.*[3]

«No pasarán más tiempo escondidas» le comuniqué a Sonia. «A partir de ahora, dondequiera que vaya, les informaré a las personas de que ustedes existen». Fijé mis ojos en cada muchacha, una por una. «Formularé la misma pregunta que ustedes me han hecho. No volveré a sentarme a esperar, confiar y desear que alguien haga algo. Les prometo lo siguiente: yo *seré* ese alguien. Ahora que las he encontrado, buscaré a otras jóvenes como ustedes. Haré todo lo que esté en mis manos para detener esto».

╍╳╍

Mucho después de abandonar aquella reunión, la pregunta de Sonia seguía resonando en mis oídos, estremecía mi mente, inquietaba mi corazón.

¿Por qué no viniste antes?

No recurrí a excusas ese día, pero sé con toda certeza que hubo razones. Razones que, cuando escuchamos el llamado de Dios, cuando sentimos el suave (o no tan suave) urgir del Espíritu Santo para que demos un paso valiente, asumamos un riesgo, sirvamos a otros, salvemos una vida, nos comprometamos... a menudo permitimos que nos frenen.

Esto ocurre, porque no nos sentimos facultados.

No nos sentimos calificados.

Pensamos que nos falta el valor, la fuerza, la sabiduría, el dinero, la experiencia, la educación, la organización, el respaldo.

Nos sentimos como Moisés cuando Dios lo llamó desde la zarza ardiente para que hablara en su nombre ante el faraón. La respuesta de Moisés fue: «SEÑOR, yo nunca me he distinguido por mi facilidad de palabra [...] Francamente, me cuesta mucho trabajo hablar [...] te ruego que envíes a alguna otra persona» (Éxodo 4.10–13).

No a mí, Dios. Tengo miedo. Soy débil. Pobre. Tonto.

No estoy calificado.

Me siento intimidado.

Esto es exactamente lo que yo habría contestado no hace mucho. Sin embargo, nunca fue mi deseo sentirme *intimidada*, asustada, incapaz de responder al llamado de Dios. ¿Acaso es el tuyo? Lo dudo. Creo que tú, como yo, más bien quieres ser capaz de afirmar: «Heme aquí, Señor; envíame a mí». No queremos tartamudear como Moisés y andar buscando pretextos.

Tampoco tenemos necesidad de ello. Así como Dios le dio a Moisés exactamente lo que necesitaba con el fin de que realizara grandes cosas para él, también proveerá para nosotros del mismo modo. Si nos llama a matar gigantes, nos facultará para hacerlo.

Dios no llama a los calificados. Él califica a los que llama. Y este es precisamente el tema de este libro. El mismo trata de lo que denomino la «vida cristiana normal»: vivir con atrevimiento y valor frente a una gran dificultad, y asombrar al mundo contra todo pronóstico para la gloria de Dios. Esto es lo que el apóstol Pablo quería decir cuando le explica a Timoteo: «Pues Dios no nos ha dado un espíritu de timidez, sino de poder, de amor y de dominio propio» (2 Timoteo 1.7).

A la vida le sobran medios para intentar intimidarnos, para hacernos incapaces de cumplir el osado y valiente plan que Dios tiene para nosotros. Este libro trata de cómo superar este punto... cómo volvernos *inconmovibles*.

Mientras me marchaba de aquella reunión ese día, pensé en mi propia historia. Si alguien tuvo alguna vez una razón para sentirse no calificada, *intimidada*, esa fui yo. Y los motivos se remontan a cosas que ocurrieron incluso antes de que yo naciera...

parte 1

DIOS CONOCE MI
NOMBRE

capítulo 2

No soy quien creía ser

Acababa de introducir en mi boca el primer bocado tan esperado de ternera al *vindaloo*, extra picante, cuando sonó mi celular. Bajé la vista, ignorando el caos que se formaba al mediodía en el comedor de la oficina. Era Kathy. Mi cuñada. Saboreé el humeante *vindaloo* y consideré permitir que dejara un mensaje en el buzón de voz. No. Rara vez me llamaba a mitad del día.

Tendrás que esperar, le dije a mi impaciente estómago. Solté el tenedor y pulsé el botón del teléfono para responder la llamada.

En el momento en que oí la voz de Kathy supe que algo ocurría: «Christine, George te necesita. ¿Puedes hablar con él? Está muy preocupado. Acaba de recibir una carta del Departamento de Servicios Sociales en la que se afirma que no son hermanos biológicos. Tus padres lo adoptaron cuando nació».

¿Qué? No podía creer lo que estaba escuchando. «Déjame hablar con él», le pedí.

George se puso al teléfono, pareciendo consternado. Me leyó la carta. «¿Qué piensas de esto?», me preguntó.

«Tiene que ser una equivocación. Es obvio que Servicios Sociales le envió esto a la persona errónea. Llama a los supervisores del departamento de inmediato y coméntaselos. Indícales que debe tratarse de un error. Luego llámame y cuéntame cómo ha ido todo».

Colgué y aparté mi plato de comida. La ternera al *vindaloo* que me parecía tan deliciosa unos minutos antes ya no me interesaba en absoluto.

¿Cómo podía alguien ser tan descuidado? ¿No se daban cuenta de que una equivocación como aquella podía convertir en un caos todo el mundo de una persona? ¿Por qué no habían tenido más cuidado al escribir la dirección en el sobre o al escoger aquel en el que debían enviar la carta?

Mi teléfono volvió a sonar, interrumpiendo la tormenta que se agitaba en mi interior. «¡George!».

Estaba sin aliento. «Christine, es cierto. Tienen todo un expediente sobre mí. Me han informado de que mi madre biológica ha estado intentando ponerse en contacto conmigo, y me han dado el nombre de mis verdaderos padres. Me han dicho dónde nací. Tengo una cita mañana con los funcionarios de Servicios Sociales. Me han comunicado que me lo explicarán todo».

«¡No *puede* ser verdad, George!». Podía escuchar el latido de mi acelerado corazón por encima de la creciente confusión. «Solo es un gran error, un embrollo. Lo resolveremos». Por mucho que intenté transmitir confianza, sentí que mi propio desconcierto crecía junto con el suyo.

Todo un expediente...

«Tengo que hablar con mamá sobre esto», fue la respuesta de George. «No puedo esperar. Voy para allá ahora mismo». Me parecía algo acertado y quedé con él en que nos encontraríamos allí.

Agarré mi bolso y corrí hacia el estacionamiento sin dejar de darle vueltas al asunto en mi cabeza. *Es imposible... por supuesto que George es mi hermano. Crecimos juntos. Es un error ridículo. ¿Pero... y si fuera cierto? Después de todo, existe un archivo completo... ¡no! No puede ser verdad. ¿Qué le va a decir George a mamá?*

Me sentía tan alterada que durante unos buenos cinco minutos fui incapaz de recordar dónde había dejado mi vehículo. Por fin lo encontré, justo donde lo había estacionado, me monté de un salto y llegué a casa de mamá en un tiempo record. Por segunda vez aquella tarde me preparé para lo que estaba a punto de descubrir.

¿ESTABA TODO A PUNTO DE CAMBIAR?

Al recorrer el camino hasta la puerta principal, pensé en todos los recuerdos que mi familia había creado junta en ese hogar: las tardes interminables de partidos de fútbol con los amigos en nuestro jardín delantero, el lugar de reunión de todos los niños del vecindario. Los pasteles de cumpleaños y las tareas que llevábamos a cabo alrededor de la mesa de la cocina. Las Navidades junto al árbol.

¿Cómo puede ser que todo aquello no fuera lo que nos parecía entonces, una familia normal que compartía la vida junta? ¿Y si a pesar de todo la carta que George había recibido fuera cierta? ¿Estaba todo a punto de cambiar?

Oh, Dios, oré, *dame sabiduría, dirección, gracia y paciencia*. Crucé la puerta. Lo que vi hizo que me detuviera en seco. George, con su esposa Kathy detrás de él, le entregaba a mamá la carta de Servicios Sociales.

Las manos de mamá temblaban mientras la leía.

En sus ojos había temor, no confusión. Entonces lo supe. *Es verdad*, pensé. *Es cierto. Mi hermano es adoptado*. El tiempo pareció detenerse. No podía respirar. Me sentí clavada al suelo, siendo solo capaz de observar cómo las lágrimas resbalaban por las mejillas de mamá.

Ella miró a mi hermano. «Lamento mucho que lo descubrieras así, George. Jamás pretendimos lastimarte. Te amamos. No podría haberte amado más si te hubiera dado a luz yo misma. Te amamos desde antes de poner nuestros ojos en ti… y una vez que te vimos en el hospital, jamás consideramos que pertenecieras a alguien que no fuéramos nosotros. La única opción que nos dieron fue una adopción confidencial, a insistencia de tu madre biológica, y se nos aconsejó que nunca te dijéramos que eras alguien más, sino nuestro hijo. Jamás imaginé que tu verdadera madre intentaría ponerse en contacto contigo ni que se lo permitieran. Las leyes de adopción deben haber cambiado». Mamá bajó la mirada hasta la carta, sacudiendo lentamente la cabeza como si no pudiera creerlo.

Sollozaba mientras repetía: «No te habría podido amar más, no te habría podido amar más». Y a continuación agregó: «No deseábamos que pudieras pensar que no te habían querido o te rechazaron. Ni en sueños creímos que podrías descubrirlo, sobre todo después de tantos años. Una de las últimas cosas que le prometí a tu padre antes de su muerte fue que jamás te lo diría».

Me sentí paralizada. La escena que estaba teniendo lugar ante mis ojos parecía surrealista, como si se tratara de una película y no de mi propia vida. *¿Cómo le han podido ocultar este secreto a mi hermano durante treinta y cinco años? ¿Cómo mamá y papá no nos dijeron nunca que George era adoptado? ¿Por qué no tuve jamás la sospecha de que él y yo no éramos hermanos biológicos?*

Y sin embargo...

Esto explicaba el misterio de por qué George mide 1,90 metros y yo 1,57 metros. Y por qué yo tengo el pelo completamente liso y claro, mientras que el suyo es rizado y oscuro. Casi me echo a reír. *¿Cómo pude pasar por alto unas diferencias tan evidentes?* Un pensamiento repentino me hizo recobrar la seriedad: *¿qué otros secretos de familia desconocía?*

Esta pregunta me abrumó. La tensión, los temores y las lágrimas me inundaban, de modo que decidí hacer lo que cualquier buena chica griega hubiera hecho al hallarse en medio de un gran dilema.

Me fui directo a la cocina con la idea de preparar algo de comer para todos.

Criada según la filosofía de que la comida es la respuesta a la mayoría de las cosas, funcioné en piloto automático a fin de hacer café griego extrafuerte y rebuscar en la despensa en busca de algún *baklava*. Nuestra herencia me había enseñado que cuando uno tiene dudas sobre qué hacer o decir, lo mejor es recurrir a cocinar y comer, y ya se presentará una solución. De modo que lo dispuse todo sobre la mesa, esperando que la combinación de la cafeína con el azúcar nos recompusiera. A continuación, respiré profundamente y llamé a George, Kathy y mamá.

Nos reunimos en torno a la misma mesa en la que nuestra familia había compartido comidas, momentos ordinarios e hitos importantes durante más de veinte años. Lo único distinto era que el ambiente alrededor de aquella mesa no era el mismo. Nuestra confianza se había resquebrajado. Se había producido un cisma donde antes no había ninguno. Nos sentamos al borde de este, tan conmocionados que ni siquiera sabíamos dónde o cómo se resolverían las cosas, o si había algo más que pudiera derrumbarnos y hacernos caer. La incertidumbre retumbaba en el aire y en la misma boca de mi estómago. Con una carta, con una simple conversación sísmica, todo lo que creía saber sobre nuestra familia había cambiado, convirtiéndose en un caos.

INDICIOS Y SECRETOS

Durante un momento incómodo, todos sorbimos nuestro café. Luego mamá lloró y nos contó que tras varios años de intentar concebir, ella y mi padre tuvieron una oportunidad de adoptar. Habían decidido aprovecharla, sin dejar de intentar tener hijos de forma natural. Había sido un tiempo de gran expectativa, afirmó, y luego repitió: «Te amamos aun antes de que nacieras. Te amamos antes de poner nuestros ojos en ti».

Me percaté de que, sorprendentemente, nuestros vecinos y parientes debían saberlo, y a pesar de ello no nos dijeron nada cuando éramos niños. *¿Cómo se puede guardar una cosa así en secreto? ¡No hay forma de ocultar que no estás embarazada y al día siguiente llegar a casa con un bebé! ¿Cómo podía ser que tanta gente lo supiera durante décadas y que a lo largo de los años a nadie se le escapara algún indicio?*

Y sin embargo...

A pesar de todo, *sí* hubo indicios, aunque en el momento no me resultaran claros. Recuerdo un incidente alrededor de aquella misma mesa de la cocina, cuando tenía once años. Mamá preparaba la cena y había estado pelando cebollas, mientras George, yo y nuestro hermano más joven, Andrew, jugábamos al juego de mesa llamado *Trouble* [Problema]. De alguna manera, nuestra conversación tocó el tema de la adopción. No estoy muy segura de cómo ocurrió, pero recuerdo haberle dicho a mi madre que aunque fuera adoptada, no me importaría, ya que la amaba mucho a ella y a mi padre.

«Ni siquiera puedo imaginar tener otros padres», afirmé.

Cada uno de mis hermanos repitió mi comentario. *Ni siquiera puedo imaginar tener otros padres.* Dejé escapar un largo suspiro. Y durante todos aquellos años había pensado que fueron las cebollas las que hicieron llorar a mamá aquel día.

Papá llamó por teléfono cinco minutos después, mientras nosotros los hermanos continuábamos con nuestro juego, y mamá le dijo de inmediato que habíamos estado conversando sobre la adopción. Abandonó la habitación mientas hablaba, y su voz se convirtió en un susurro. *¿Qué se supone que no debo saber?*, me pregunté en aquel momento. *¿Qué es lo que no quieren que escuche?*

Me esforcé, sin éxito, en escuchar a escondidas, pero no oí nada. Impacientes, mis hermanos se quejaron, ya que era mi turno de jugar, así que volví a nuestro juego mientras mamá regresaba a la cocina. Se ocupó con las cacerolas preparando la cena. Y eso fue todo. Desde aquel momento hasta hoy, la palabra *adopción* no volvió a mencionarse en nuestra casa.

Ahora, mientras George estaba allí sentado con la cabeza entre las manos, luchando por hallarle sentido a la nueva realidad, le dije a mamá: «Aquel día...», quería saber lo que me habían ocultado entonces. «¿Recuerdas aquel día?», repetí.

Mamá asintió con la cabeza. «Me acuerdo de cada detalle». Nos dijo cómo había quedado deshecha por la sola mención de la palabra que ella y papá se habían esforzado tanto por impedir que escucháramos y llegáramos a entender. Cuando papá llamó, ella estaba a punto de estallar de ansiedad.

«¿No deberíamos decírselo?», había insistido.

Ella y papá habían razonado juntos. La verdad podía herirnos. Acordaron que quizás era mejor mantener las cosas como estaban y no volver a hablar de ello jamás.

Sin embargo, en ese momento aquella verdad secreta estaba allí, siendo el tema de conversación alrededor de la mesa de la cocina. Con todo, luego de la confesión, la cara de mamá se relajó.

Su tensión se aflojó. Parecía aliviada, libre por la verdad que había salido a la luz.

No obstante, para nosotros tres la tensión permanecía. Kathy estaba inmóvil. George permanecía sentado, en silencio.

Está muy conmocionado, pensé.

El silencio y la inmovilidad cobraron una energía propia. A fin de romper la tirantez, alargué la mano para tomar otro trozo de *baklava*.

«Christine», dijo mamá. «Ya que estamos diciendo la verdad, ¿te gustaría conocerla por completo».

Dejé caer el *baklava*.

Mi corazón se saltó un latido, tal vez cinco. La manera en que me había hecho la pregunta solo podía significar una cosa. Escudriñé sus ojos con la esperanza de hallar una señal de estar equivocada. Finalmente, dije atragantándome: «¿También soy adoptada?».

¿Cuánto más extraño podría resultar ese día?

¿Qué haces cuando has vivido toda tu vida, más de tres décadas, con hechos que *creías* eran ciertos, para luego descubrir que muchos de ellos no lo eran en absoluto?

¿Qué otros aspectos de mi vida eran mentira? ¿Qué otros secretos había en cuanto a nuestra familia, sobre la vida que creía conocer tan bien? ¿Podría confiar en alguien o algo más? Sentí como si estuviera viviendo mi propia versión de la película *El show de Truman*.

¿Recuerdas ese film? ¿Cómo Truman descubre que su hogar, su lugar de trabajo y su mundo no eran reales en absoluto, sino construidos como parte de un estudio de televisión que contenía cámaras ocultas por todas partes? Truman empieza a sospechar y llega a comprobar que sus amistades y socios, desde su mejor amigo hasta el cartero y el hombre de la calle, eran meros actores, todos ellos contratados para representar un papel en su vida fingida, por no decir improvisada. Todos a su alrededor sabían que su vida no era más que *El show de Truman*, la serie más popular de la televisión en todo el mundo. Todos lo sabían, es decir, todos menos Truman. Pensé en cómo descubrió la mentira, las cámaras ocultas, los actores que solo hacían su trabajo, y de qué forma esto sacudió todo aquello que creía en cuanto a su identidad y lo que significaba su vida. La revelación hizo estremecer su sentido de sí mismo hasta lo más profundo, como si su mundo acabara de precipitarse al mar, dejándolo a la deriva en medio de la confusión. Pensé en su sensación de tristeza, ira, miedo, decepción, traición. Lo entendí perfectamente.

Durante un largo momento, mamá, George, Kathy y yo intentamos procesar el revoltijo de emociones. El hecho de que no dijera nada era en sí mismo un milagro para todo aquel que me conociera. Podía sentir los ojos de mi familia clavados en mí, esperando cualquier reacción.

Por fin, conseguí hacer una sola pregunta, una que para mí era de máxima importancia: «¿Sigo siendo griega?».

George, Kathy y mamá estallaron en risas. No pude evitar contagiarme. ¡Necesitábamos mucho esa risa para restarle intensidad al momento! Había sido una tarde muy larga y difícil, llena de revelaciones estremecedoras, una detrás de otra. La primera carcajada alivió la tensión. E hizo algo más. Trajo de vuelta con ella parte de nuestra confianza familiar, del amor incuestionable de los unos por los otros... y con esto, una revelación adicional.

LAS COSAS DE LAS QUE SÍ ESTABA SEGURA

Mientras empezaba a asumir que una gran parte de mi vida que daba por verdadera no era más que una mentira, ocurrió algo sorprendente. En lugar de sentirme destrozada por completo, en mi interior nació la seguridad.

Es verdad que acababa de descubrir que no era quien creía ser. No tenía ni idea de quiénes eran mis padres biológicos; no sabía nada sobre ellos. Desconocía si había sido concebida con amor, por un descuido en una relación de una sola noche, como resultado de una aventura, o a causa de una violación. Cuando mi madre natural me dio en adopción, ¿lo haría con renuncia? ¿Se había visto forzada? ¿O tal vez estaba deseando quitarse la molestia de encima? No sabía si ella y mi padre biológico habían permanecido juntos. ¿Sabía él de mi existencia? ¿Estaban vivos aún? ¿Por qué ella no se puso nunca en contacto conmigo? ¿Tenía otros hermanos y hermanas en alguna parte?

¡Había tantos detalles que desconocía! Me extrañó ver cuántas preguntas podían fluir de la mente en un instante, de un momento a otro.

Y sin embargo...

A pesar de todo aquello, también había muchas cosas de las que estaba segura. Tantas, que nada de lo que mi madre había dicho, nada de lo que tal vez pudiera decir, sería capaz jamás de convertirlas en una mentira.

Nada puede separarnos del amor de Dios

Sin pensar lo que hacía me puse de pie, miré a George, luego a Kathy y finalmente a mamá, y dije convencida: «Antes de que fuera formada en el seno de mi madre», y aquí hice una pausa para añadir, incapaz de resistirme, «cualquiera que fuera esa matriz, Dios me conocía. Entretejió mis entrañas y formó todos mis días antes de que existiera. He sido creada de una forma tremenda y maravillosa.[1] Aunque acabo de saber que soy adoptada, Dios siempre ha estado al tanto de mí y me ha amado. Y como *esto* no ha cambiado, básicamente *nada* es distinto. No seré quizás quien creía ser, pero sigo siendo quien él dice que soy. Y mucho más. Me ama. Y le pertenezco».

Mamá, George y Kathy me miraron fijamente.

Les devolví la mirada. Parecían tan impresionados por mis palabras como por las noticias sobre las adopciones. Yo misma también lo estaba un poquito. Aunque los cimientos de mi mundo habían cambiado de manera radical, se estaban reafirmando en un lugar más seguro. A pesar de que las cosas parecían derrumbarse, la verdad del amor de Dios me mantenía intacta. Y esa verdad consistía en que sabía que él me amaba de un modo incuestionable e incondicional, fuese adoptada o no. La verdad era que su amor es eterno, firme, apasionado, confiable, perfecto. Me embargaba una sensación de paz, una paz sobrenatural. Me sentía bien. Todo iba a estar bien. Puede parecer una extraña conclusión, en vista de que mi vida, o al menos todo lo que creía saber sobre ella, se estaba esclareciendo ante mis ojos. No obstante, me sentí inconmovible ante todo aquello debido a una verdad inmutable, infalible, una verdad a la que me aferré con tenacidad: el control de mi vida estaba en las manos de Dios.

Claro, pensé, *que no hay nada como unas pocas sacudidas para poner a prueba esa creencia. ¿Pero en realidad creía que Dios es quien dice ser?* Rotundamente, sí. Las promesas de Dios eran verdad: te amo. Nada puede separarte de mi amor. Nada puede arrebatarte de mi mano.[2]

Mamá, George y Kathy debieron pensar: *a pesar de todo lo que se ha revelado aquí esta tarde, ¿cómo puedes sentir semejante paz, positivismo y determinación?*

Tal vez pareciera un milagro, pero no era ningún misterio...

La verdad nos hace libres

Durante más de una década me había inmerso a diario en la Palabra de Dios. Había memorizado un sinfín de versículos sobre el amor de Dios por mí. Necesitaba su amor con desesperación, y cuando leí cómo me amaba, que tenía un lugar para mí, me sumergí en él.[3] Medité en aquellas palabras, reflexioné sobre las mismas y oré. Hallé vida en ellas. Contenían promesas que me entusiasmaban tanto que comencé a predicarlas. Hablé conmigo misma y los demás sobre el amor incondicional de Dios, de cómo cada uno de nosotros ha sido creado por él y para él, y con un propósito.[4] Compartí cómo Dios no nos deja ni nos abandona jamás, que siempre está con nosotros en toda circunstancia, que su diestra nos sostiene, que es nuestro pronto auxilio en tiempo de necesidad.[5]

Ahora, esas promesas me sostenían. Lo que Jesús prometió era real: cuando crees que Dios es quien dice ser, cuando te aferras a él y su Palabra con fe, su verdad te libera.[6] La verdad que atesoras en el silencio vuelve a ti en la tormenta, y como un bote salvavidas te libera de los temores y desengaños que de otro modo te hundirían. Cuando permaneces en su Palabra, él permanece en ti.

A pesar de las inquietantes revelaciones del día, podía sentir cómo me rodeaba y me envolvía el amor incondicional de mi Padre celestial, aun estando allí sentada con mi familia. La verdad es que había sido adoptada en la familia de Dios cuando le rendí mi vida a Cristo. Él era mi hermano, y Dios mi Padre. ¡Pensar en la adopción no tenía por qué inquietarme, porque Dios ya me había adoptado! Era su hija. Y él me amaba y prometió amarme *siempre* y estar junto a mí en cualquier situación... incluso esta.

Se nos amó aun antes de nacer

Mamá sonrió conmigo maravillada y aliviada. Aunque todo lo ocurrido aquella tarde me sacudió, no me había *derribado*. No me estaba deshaciendo.

Mi calma le proporcionó a mamá un atisbo del poder del amor de Dios, y esto le dio valor. Me contó cómo la llamaron del hospital un día de primavera para darle la noticia de que yo había nacido. Ella se encontraba visitando a su vecina, y estaban tomado té en el patio trasero. De modo que fue mi abuela la que contestó la llamada y luego gritó por encima de la valla: «¡Tenemos una niña! ¡Tenemos una niña!».

«Te amé», me dijo mamá. «Te amé incluso antes de verte por primera vez».

Escuchar esto de sus labios fue como la verdad que me había fortalecido un momento antes, como escuchar el eco de Salmos 139.13-16:

> *Tú creaste mis entrañas;*
> *me formaste en el vientre de mi madre.*
> *¡Te alabo porque soy una creación admirable!*
> *¡Tus obras son maravillosas,*
> *y esto lo sé muy bien!*
> *Mis huesos no te fueron desconocidos*
> *cuando en lo más recóndito era yo formado,*
> *cuando en lo más profundo de la tierra*
> *era yo entretejido.*
> *Tus ojos vieron mi cuerpo en gestación:*
> *todo estaba ya escrito en tu libro;*
> *todos mis días se estaban diseñando,*
> *aunque no existía uno solo de ellos.*

Dios me conoció y me amó antes de que existiera. Me conocía aun antes de nacer y a lo largo de mi adopción, e incluso ahora que ya no estaba segura de quién era. Me amó a pesar de cualquier dificultad en la que me encontrara o de los retos que enfrentara. Podía arruinar las cosas o venirme abajo, y él todavía me amaría. Podría avergonzarme de mi procedencia o intentar esconder quién era, pero Dios seguiría amándome, conociéndome mejor que yo misma. Él me amó cuando temí ser inferior. Me amó tanto que siempre me protegería ante cualquier reto o aflicción, e iría delante de mí cuando tuviera que atravesar algo desconocido.

Sí, pensé. *No soy quien creía ser. Soy mucho más. Dios me ama. Él, el creador del universo, mi hacedor, me amó antes de que naciera y lo hará después de que muera.*

EL AMOR TE CONDUCIRÁ

Mamá, George, Kathy y yo estábamos agotados. Nos pusimos en pie y nos abrazamos, pero sabíamos que necesitábamos tiempo y espacio para asimilarlo todo. Habíamos aguantado tanta conmoción emocional como cada uno de nosotros podía soportar en un día.

De repente, anhelé un poco de normalidad. La rutina. Decidí asistir a una reunión que tenía en la oficina.

En el camino de regreso al trabajo, llamé a nuestro hermano menor, Andrew (¡él es un hijo biológico!) y le di una versión abreviada de lo que había sucedido. «Más tarde te contaré más», le prometí. Iba a tener que apurarme si quería llegar a tiempo a la oficina. Además, necesitaba algo de silencio, un poco de tiempo para pensar.

Colgué el teléfono y me fui relajando con los movimientos familiares de la conducción. Bajé las ventanillas al pasar por delante de mis edificios y casas favoritos, escuchando el sonido de los neumáticos sobre el asfalto. Lo familiar calmó mi corazón y mis sentidos. También lo hicieron las garantías conocidas de Dios.

Sabía que Dios nos quiere, «porque tanto amó Dios al mundo,

que dio a su Hijo unigénito, para que todo el que cree en él no se pierda, sino que tenga vida eterna» (Juan 3.16). Sabía que nos reclama, porque dijo: «Ustedes son linaje escogido» (1 Pedro 2.9). Sabía que nos conduce, porque afirmó: «Aun en la vejez, cuando ya peinen canas, yo seré el mismo, yo los sostendré. Yo los hice, y cuidaré de ustedes; los sostendré y los libraré» (Isaías 46.4).

Tranquilizada por estos pensamientos, me sentía emocionalmente cansada, pero experimentaba una paz extraña. La verdad que había conocido durante todos aquellos años me parecía real, pero de una nueva forma: Dios me había adoptado mucho antes de que papá y mamá lo hicieran, y me ama, me reclama como suya y me conduce.

Eso es exactamente lo que hace el amor, pensé. *Nos quiere, nos reclama y nos conduce.*

Aunque mamá no nos llevó en su vientre ni a George ni a mí, el amor la había ayudado a cargar con los secretos de nuestro nacimiento a lo largo de todos aquellos años, porque deseaba protegernos.

Entré a la oficina sin sentirme afligida, casi diría que la sensación era de ligereza. La reunión ya había comenzado cuando me senté. Miré alrededor, a los rostros de mis colegas. Nos habíamos comprometido a llevar juntos el amor de Dios y sus promesas a niños con trastornos alimenticios, que se autolesionaban, marginados, de familias rotas e involucrados en pandillas... chicos que buscaban amor y un lugar al que pertenecer, donde se les quisiera, se les reclamara y se les condujera.

Aunque no lo había planeado, al ver sus rostros, decidí compartir con mi equipo lo que acababa de ocurrir. «No lo van a creer», comencé a decir.

Cuando acabé de contarles las revelaciones del día, pude observar en sus rostros la impresión que yo misma había sentido unas horas antes.

—¿Estás bien?

—¿Por qué no te lo dijeron nunca tus padres?

—¿Nunca lo sospechaste?

Luego escuché una pregunta que no esperaba, una que todavía no me había hecho:

—¿Qué vas a hacer?

¿QUÉ VAS A HACER?

Llegará un día en que la vida de cada persona se vuelva un caos, en que todo quede al revés. Nadie es inmune. Ni la madre de los suburbios que descubre que su hija adolescente está encinta. Ni el marido enredado en una aventura con una mujer que no es su esposa. Ni el niño cuyos padres son adictos a las drogas. Ni la muchacha atrapada en la trata de personas. Ni el jovencito portador de VIH, o su hermano hambriento y sin perspectiva de tener suficiente para comer.

Ni la mujer que descubre que todo su sentido de identidad está basado en una relación familiar que resulta ser una mentira.

Ni tú.

Ni yo.

Sin embargo, justo como la vida te zarandea, del mismo modo lo hace el amor.

El amor tiene el poder de abatirte por el temor a la pérdida, así como les sucedió a mis padres al pensar que George y yo podríamos descubrir nuestra adopción. El amor tiene el poder de desconcertar, como ocurre cuando un bebé, una nueva vida, llega a ti.

El amor de Dios, que te conoce y te reclama incluso antes de que hayas nacido, puede llevarte más allá de ti mismo, como hizo Jesús, que dejó el cielo para ir a la cruz y pasar por el sepulcro con el fin de traernos de regreso a casa. Su amor puede conducirte a través de los terremotos emocionales, como hizo conmigo la tarde en que me dieron noticias que podían haberme derrumbado, pero me sentí fortalecida por las promesas de Dios. Un amor como el de Cristo puede elevarte sobre la traición y el dolor. Puede librarte de cualquier catástrofe. Este tipo de amor puede rescatarte de cualquier prisión de temor y confusión. Y un amor como el de Dios puede llenarte hasta el punto de derramarse fuera de ti y obligarte a hablar de él, compartirlo y extenderlo a tu alrededor.

«¿Qué vas a hacer?», me preguntaron mis colaboradores. Bueno, indudablemente las noticias sobre mi adopción me habían afectado. A pesar de aferrarme con decisión (¿o acaso era desesperación?) a la Palabra de Dios y sus promesas, no habría sido humana si no me hubiera sentido emocionalmente aturdida por lo que había sabido aquel día. Sin embargo, no iba a permitir que me intimidara. Había observado cómo muchas personas permitían que las noticias de este tipo, que transforman la vida, las hicieran caer en la ira, el resentimiento y la depresión, las empujaran a cuestionar su identidad, su autoestima y su valía. Era consciente del potencial que este tipo de noticias tenía para desalentarme si no escogía, aquel día y todos los que me quedaban por delante, hacer corresponder cada uno de mis pensamientos y sentimientos con lo que sabía acerca de Dios. Elegí confiar en que Dios utilizaría esta situación de maneras que yo no podía ver aún. No solo me sostendría mientras resolviera el asunto, sino que lo honraría indicándome las formas en que podría usar para su gloria la inesperada revelación que cambiaba mi vida. No tenía ni idea todavía de cómo lo haría. No obstante, tenía fe en que sucedería. Y como verás, así fue.

¿Qué iba a hacer?, pensé cuando la reunión con mi equipo pasó de mis propias preocupaciones a las de otros, aquellos a los que nuestro grupo había sido llamado a servir.

Amar, pensé. *Voy a amar a otros como no lo he hecho nunca antes.*

capítulo 3
Número 2508 de 1966

Me encontraba sola en casa preparando la comida cuando sonó el timbre de la puerta. Mis dedos goteaban zumo de limón luego de poner unos trozos de pollo a marinar para la cena. Corrí hacia la puerta, secándome las manos por el camino con una toalla.

Un mensajero me sonrió:

—¿La señora Christine Caine?

—Soy yo.

—Tengo un sobre certificado para usted. Solo necesito su firma.

—Claro —respondí ausente, pensando todavía en todo lo que me quedaba por hacer en la cocina—. ¿Dónde firmo?

Me señaló una línea donde escribí mi nombre, manchando su libro de recibos de zumo de limón. Sonreí a modo de disculpa y entré con el sobre en la mano.

Había transcurrido bastante tiempo desde la última vez que había firmado por algo, incluso en la oficina, a donde se dirigía la mayoría de nuestra correspondencia de trabajo. *¿Quién estará enviando un correo certificado a la dirección de mi casa?* Examiné el sobre, que parecía oficial, con mi nombre y dirección escritos a máquina en medio de la parte delantera. En la esquina superior del sobre se podía leer: «Departamento de Servicios a la Comunidad». Mi corazón se sobresaltó.

Ha llegado. Unas cuantas semanas antes, tras haber luchado todo un año con el pensamiento de hacerlo, había escrito al Departamento de Servicios para la Comunidad pidiendo toda la información que pudiera conseguir sobre mi adopción. Tomar esa decisión había sido una tortura. ¿Quería saber más sobre mis padres biológicos? ¿Quería Dios que lo supiera? ¿Cómo se sentiría mamá por ello? No deseaba lastimarla, pero en el fondo todas aquellas preguntas bullían. Era una curiosidad natural. ¿Quiénes eran mis padres biológicos? ¿Dónde estaban ahora? ¿Me parecía a ellos?

Había decidido dar los pasos de uno en uno. Escribiría para conseguir la información. Después de esto, podía decidir si quería llevar las cosas más allá.

Ahora, tal vez tenía en mis manos las respuestas a todas mis preguntas. Tanteé con mis dedos los bordes del sobre pensando en lo delgado que parecía para contener algo de tan monumental importancia. Durante unos minutos, mis dedos se crisparon un poco, indecisos entre abrir el sobre o esperar. *No,* decidí finalmente deslizando mis dedos por el sello. *Todavía no.* Regresé a la cocina, colocando con suavidad el correo sobre la mesa del comedor al pasar.

Aquella tarde me sorprendí al menos una docena de veces mirando hacia allí desde la cocina. *¿Por qué no voy y lo abro? ¿Por qué titubeo tanto y no leo lo que dice en el interior? De todas formas, ¿qué me asusta tanto?* Las preguntas se iban encadenando una tras otra hasta que, al final, reconocí el problema. Aunque sabía que Dios me amaba apasionadamente, no tenía ni idea de lo que mi madre y mi padre biológicos pensaban de mí. Si era que en realidad lo hacían. *¿Por qué me dieron en adopción? ¿De verdad quiero saberlo? ¿Qué ocurrirá si no me gusta la respuesta?*

«Esto es ridículo», me dije, mirando las patatas fijamente. Solté el cuchillo y me dirigí al comedor, secándome las manos en mis pantalones vaqueros. *Allá voy.* Respiré profundamente y rompí el sello.

El encabezamiento de la primera hoja de papel del delgado

montoncito decía: «Datos de los niños anteriores a la adopción». Volví a leer el título. «Datos de los niños anteriores a la adopción». Otra vez. Y otra. Y otra más.

Al analizar la primera página vi por primera vez el nombre de mi madre biológica.

Panagiota.

Lo miré fijamente, con los ojos detenidos en ese punto, incapaz de seguir adelante. *Panagiota. Pa-na-gio-ta.* Lo volví a leer y lo pronuncié en mi mente una y otra vez. *Panagiota.* Uno de los nombres más comunes entre las mujeres griegas, derivado del nombre de la virgen María, que significa santa, completa. *Así que, después de todo, sí soy griega*, pensé. El nombre no me resultaba extraño, ya que me había criado en una familia griega. Y sin embargo…

¿QUÉ IMPORTANCIA TIENE UN NOMBRE?

Leer aquel nombre me conmocionó tanto como escuchar por primera vez que era adoptada.

Ya me había enterado de que existía una mujer por ahí que me había dado a luz. No obstante, ver su nombre completo, un nombre que no era el de mamá, el cual yo había venido escribiendo en todos los documentos legales toda mi vida, durante más de treinta años… me detuvo en seco, con un poder inesperado. De repente, no solo en mi mente, sino también en mi corazón, Panagiota era real. Era más que un nombre en un diminuto recuadro de este documento legal, más que la figura entre sombras, fantasmal y sin rostro de la «madre biológica» con la que había cargado todo el año anterior. Era una persona completa, una vida real con toda una historia que era parte, una parte oculta, de mi propia historia.

Me pregunté cómo sería. *¿Me parecería a ella? ¿Era joven cuando me tuvo? ¿Un poco mayor? ¿Le gustaría la musaka o el pescado con patatas? ¿La música griega o la inglesa? ¿Las películas? ¿De qué tipo? ¿Tal vez las comedias? ¿Las de suspenso? ¿Deambulaba de pequeña por los pasillos de los grandes almacenes, desde la sección de muñecas hasta la de libros? Después de la escuela, ¿iba hasta los campos de fútbol para jugar un partido con los chicos en lugar de practicar ballet con las niñas?* Pensé en todas las cosas que me habían diferenciado de mi familia mientras crecía, las cuales les había parecido un misterio. Tal vez se debieran al estilo de Panagiota. *¿Qué preguntas te haces sobre mí? ¿Cómo ha sido tu vida? ¿Qué te sucedió? ¿Piensas en mí alguna vez? ¿Le contaste a alguien que yo existía?*

Me senté durante largo tiempo, perpleja por la diferencia que un nombre puede suponer. Hubo un tiempo en que Panagiota solo era una muchacha, con toda la vida por delante, sin la menor idea de que un día daría a luz a una niña de la que se desharía. Aunque me abandonó, seguíamos siendo parte la una de la otra... ¡y había muchas cosas más que quería conocer, aparte de lo que su nombre me podía decir!

Continué leyendo.

Debajo de la casilla con su nombre había otra que decía «Nombre del padre». Respiré hondo. Dentro de ella aparecía una sola palabra.

Desconocido.

¿Desconocido? Me detuve en esta palabra, intentando comprender cómo alguien tan importante para mí podía reducirse tan solo a eso. En algún lugar, de alguna manera, hace más de treinta años, Desconocido se unió a Panagiota para concebir un hijo, y la única constancia de esta relación con ella, conmigo, era esa. Once letras, una palabra, un único término que parecía muy inadecuado.

Sé más acerca de mi dentista, al que veo una vez al año, de lo que podré saber sobre el hombre que es mi padre biológico.

Entonces mis ojos pasaron a la línea siguiente. Algo absorbió todo el aire de la habitación. El tiempo se congeló. Sentí como un puñetazo en el estómago. ¿Estaba viendo bien? Junto a la casilla que decía «Nombre del niño» había otra breve frase, escrita con grandes y marcados caracteres de un negro intenso.

Sin nombre.

UNO DE LOS SIN NOMBRE

Se suele decir que el puñetazo que te deja sin sentido es aquel que no vemos venir. Jamás imaginé este detalle de mi nacimiento.

A lo largo del pasado año había sostenido muchas conversaciones con mis amigos cercanos sobre mi adopción y las circunstancias que rodearon mi nacimiento. ¿Se conocían mis padres? ¿Se amaban? ¿Fue un accidente en el fragor de una noche de pasión? Quizás no estaban preparados para lidiar con un bebé y pensaron que lo mejor para mí sería que me entregaran a una pareja con recursos o medios, con más conocimiento o experiencia. Quizás se vieron forzados por su situación. Incluso me preparé para aceptar la posibilidad de que mi madre biológica y mi padre, si es que permanecía en escena, sencillamente no me quisieron.

No obstante, jamás, en ninguna de mis conversaciones, me pregunté quién era yo en lo más profundo de mi ser, en mi propia esencia. Mi identidad estaba en Cristo. Eso lo sabía. *Sin importar lo que ellos piensen de mí*, había decidido, *Dios me ama*.

Sin embargo, ahora, una sola frase de nueve letras se burlaba de mí. *¿Sin nombre? ¿No tuve nombre hasta que me adoptaron? ¿No le importé a nadie lo suficiente como para ponerme un nombre?*

Las lágrimas que ya no fui capaz de retener me quemaban los ojos. Resbalaban por mi rostro mientras unas palabras invisibles entre las líneas de aquel documento afirmaban: *no fuiste lo bastante importante para tener nombre*.

Peor todavía, debajo de la frase *Sin nombre*, otra anotación intensificó mi conmoción: un número.

No era tan solo una *Sin nombre*. Era el número 2508 de 1966.

¿Qué? Sentí como si estuviera viviendo una experiencia extracorporal. Me veía a mí misma sujetando aquel documento, el registro oficial de mi entrada al planeta Tierra, un papel en el que se me describía como algo salido de una línea de producción. Como un vuelo de aerolínea, un modelo de auto, un código postal, el dígito de una calculadora, la combinación de una caja de seguridad en un banco o cualquiera de los miles de millones de objetos o secuencias inanimados. Ese número sin un nombre, sin un rostro, podía representar cualquier cosa. Sin embargo, justo aquí, en este papel, el número 2508 me representaba a mí. No era más que un número.

Sin embargo, todo dentro de mí indicaba otra cosa. Quería gritar: *¡tengo un nombre! ¡Soy una persona! Soy Christine, un ser humano* *creado a la imagen de Dios mismo y destinada a cumplir su propósito.*[1] *Soy la niña que una vez esperó competir en tenis de mesa por Australia en los Juegos Olímpicos, la mujer que disfruta de una película de amor comiendo palomitas con sal y mantequilla, a la que le encanta leer, que se muere por los caramelos de regaliz cubiertos de chocolate negro.* ¿Cómo podía reflejar el número 2508 que yo era una persona real, viva, con gustos y pasiones, aversiones y temores, esperanzas y sueños?

Permanecí sentada inmóvil durante un largo tiempo, con la mirada fija, cegada por las lágrimas ante los datos del registro oficial sobre mi nacimiento:

Sin nombre

Número 2508 de 1966

Aire, pensé de repente. *Necesito aire... y cafeína.*

Me dirigí a la cocina a prepararme una taza de café extrafuerte y todas mis preguntas fueron conmigo: *¿cómo se podía llevar a una criatura durante nueve meses, sentir el latido de su corazón y cómo se retorcía y daba vueltas dentro de una, pasar por el proceso del parto, y no tener siquiera un nombre para ese pequeño ser, esa nueva vida, esa parte de ti que has dado a luz?* No podía imaginar ni una sola respuesta posible.

Miré el reloj y esto me devolvió de un golpe a la realidad. ¡La cena!

Acabé de cortar las últimas verduras, las coloqué en un plato y las metí en el horno, poniendo en marcha el temporizador. Me serví el café, levanté los ojos al cielo y oré: «Dios, ayúdame a manejar esto». Agarré mi Biblia y los papeles de la adopción y me dirigí al sofá del salón. Si iba a enfrentarme a más hechos desconcertantes, lo haría con su Palabra en la mano... y en oración.

Saqué la siguiente hoja de papel del montón, un extracto de los registros hospitalarios de Panagiota: una transcripción parcial de su entrevista con la trabajadora social dos semanas antes de mi nacimiento.

¿Por qué solo una parte?, me pregunté. *¿Por qué no me habían enviado todo el documento?*

Comencé a leer frustrada, no solo por la escasa información, sino por el tono clínico y médico: «La fecha que estima para el parto es el tres de octubre, y piensa dar al bebé en adopción. No parece demasiado implicada emocionalmente con la criatura. Al parecer desea acabar con el asunto y regresar al trabajo cuando antes...».

¿No está implicada emocionalmente con la criatura? ¿Desea acabar con el asunto y regresar al trabajo? Las palabras fueron como un nuevo puñetazo en la boca de mi estómago.

Ahora, la habitación daba vueltas.

Seguí pensando: *esto es lo que soy. Una sin nombre, hija de un desconocido y no querida... y tengo los documentos legales que lo demuestran.* Esta idea todavía dolía más que la impresión inicial de enterarme de que me habían entregado en adopción. Decidí que no tener nombre era tan malo como que me hubieran llamado de un modo horrible: *indigna* o *fracasada, imperfecta, defectuosa, deficiente*. Mi mente generaba una docena de otros apelativos negativos.

Aunque me sabía de memoria la promesa de Dios que me confirmaba como obra de sus manos, creada para buenas obras,[2] estas palabras me golpearon como un montón de palos y piedras:

De un desconocido.

Sin nombre.

Número 2508 de 1966.

No deseada.

Solo que, aunque resultara bastante extraño, me di cuenta de que la frase *no deseada* no aparecía por ningún sitio en el documento.

Leí en voz alta: «Desea acabar con aquel asunto y regresar cuanto antes al trabajo». *¿Qué otra cosa podría significar «no deseada»?* Examiné las dos páginas: la de los «datos» y el extracto de la entrevista con mi madre biológica. Juntas, me parecían gritar: *indigna, incompleta, indeseable, imposible de amar. No deseada. No escogida.*

DIOS SIEMPRE SUPO MI NOMBRE

¿No resulta extraño ver cómo en medio de la duda y el desaliento hacemos operaciones matemáticas raras? Vemos u oímos cosas y las sumamos de forma incorrecta. Escogemos creer que aunque de algún modo se trate de algo fáctico, sencillamente no es verdad. Aceptamos lo que otro ha dicho, obligándonos a alcanzar una conclusión falsa sobre nosotros mismos.

¿Por qué resulta siempre tan difícil elegir primero lo que Dios dice acerca de nosotros? ¿Por qué escuchamos las voces de los demás más que la suya? Si nuestra meta consiste en ser *inconmovibles*, deberíamos ser especialmente diligentes para no permitir que las mentiras y los pensamientos necios de los demás nos intimiden. Los apelativos, los insultos, los intentos de abrumarnos y limitarnos, y por este medio controlarnos, no tienen cabida en la vida del creyente. Dios nos ha liberado, y si queremos vivir como personas inconmovibles, no podemos dejar que las maniobras de otros nos obliguen a volver a la esclavitud.

Al sostener aquel papel en mi mano y mirar fijamente aquellas palabras, escuché una exhortación que enseguida supe venía de Dios: *abre mi Palabra en Isaías 49.* La voz fue tan clara y familiar como la mía misma. Era mi Padre celestial que me hablaba de una forma cierta, reconfortante, firme. Por primera vez sonreí aquella tarde.

Puede que no sepa quién es mi padre biológico, pensé, *pero sí sé quién es mi Padre celestial. Conozco su voz cuando la oigo.* Y por ello, aun antes de darle vuelta a una sola página de las Escrituras, estaba convencida de que esta situación resultaría bien. Podía oír la voz de mi Padre. Estaba conmigo. Había prometido no dejarme ni abandonarme.[3]

Encontré el libro de Isaías, pasé las hojas hasta llegar al capítulo 49 y empecé a leer en el versículo 1: «Escúchenme, costas lejanas, oigan esto, naciones distantes».

Supe de inmediato que Dios me estaba hablando directamente a mí. Me encontraba sentada en mi casa de Sídney, Australia, una gran isla con muchas costas, y hallándome allí desde luego que me encontraba entre pueblos lejanos. *Muy bien,* pensé. *Tienes toda mi atención, Padre.*

«El Señor me llamó antes de que yo naciera».[4]

El versículo me reconfortó y tranquilizó. Yo no era un accidente. No era indeseada. Había sido escogida. Dios me había llamado. No me había dejado fuera, no me había ignorado, no había escogido a otra persona con más dones, más talentos, de mejor aspecto ni más inteligente. Me había llamado desde el vientre, antes incluso de que llegara a la camilla de alumbramiento.

«En el vientre de mi madre pronunció mi nombre».[5]

Me quedé boquiabierta. Tan perpleja como cuando leí la frase *Sin nombre*, esta idea me impresionó de una forma incluso más profunda. Era la verdad: Dios me llamó por mi nombre cuando todavía estaba dentro del vientre de mi madre. *Dios me nombró antes que este documento me sellara con el calificativo «Sin nombre». Antes de convertirme en un número, ya tenía un nombre. Siempre lo tuve. ¡Sí!*

Me reí. Me escogieron antes de que me formara en las entrañas de mi madre. Todos los detalles sobre quién era y qué llegaría a ser estaban determinados antes de que empezara a tener forma: el color de mis ojos y mi número de pie, la curva de mi sonrisa, la largura de mis piernas. Dios moldeó mi cuerpo y mi espíritu. Creó el sonido de mi voz y los rasgos de mi caligrafía, la fuerza de mi puño y las capacidades de mi mente.

No podía apartar los ojos de la frase: «En el vientre de mi madre pronunció mi nombre».

Sentí que el Señor me hablaba directamente a mí: «Es posible que tu certificado de nacimiento diga que no tienes nombre, pero yo te di uno cuando todavía estabas en la matriz de tu madre. Para mí no eres un simple número. Tienes un nombre. Antes de que nacieras, ya sabía que te adoptarían y que tus padres adoptivos te llamarían Christine. Te he escogido para grandes cosas. Esos documentos que tienes delante no te definen ni a tu destino. Mi Palabra es la autoridad final al respecto. Y yo te formé. Tu libertad quedará determinada por el hecho de que permitas que lo que pienso y digo sobre ti sea más importante que lo que cualquier otra persona piense o diga, incluida tu madre biológica o los funcionarios que llenan los formularios para el Departamento de Servicios de la Comunidad. Ellos han dicho lo que no eres. Sin embargo, yo afirmo lo que eres, y has sido creada a mi imagen, no a la suya. Tú reflejas mi gloria».

Aspiré una larga bocanada de aire y la solté. Las palabras de Dios eran como un aire fresco que me elevaba a medida que la niebla de hechos y ficción de aquella tarde comenzaba a desvanecerse.

Alcé mi Biblia en una mano y en la otra todos los documentos sobre mi adopción. En las dos tenía papeles que contenían palabras impresas en blanco y negro. Ambos recogían hechos. A pesar de ello, solo uno contenía la verdad. Tenía que escoger en cuál de aquellos documentos fundamentaría mi vida. La elección no presentaba la más mínima dificultad.

NUESTRA FE SUPONE MÁS QUE HECHOS

Puedes permitir que los nombres con los que te autodenominas te definan. Puedes dejar que lo hagan los apelativos que otros te imponen.

¡Resulta muy fácil! Después de todo, desde el momento de tu nacimiento, y luego durante el resto de tu vida, te encasillan. Te definen por tu familia de origen, tu dirección, tu educación, tu experiencia, tu cuenta bancaria, tu calificación crediticia, tu jefe, tus amigos, tu raza y tu etnia. Se te llama una cosa detrás de otra: *pobre, malcriado, sin educación, inexperto, joven, viejo, conflictivo, tímido.* Puedes permitir que estos términos y apelativos te limiten. Un maestro, tu padre o tu madre, un colega o tu antiguo cónyuge te pueden catalogar de *perdedor, gordo, feo* o *inútil,* y estos apelativos pueden permanecer contigo, hacerte daño o perjudicarte, ya que empiezas a creer que son verdad.

¿Recuerdas el viejo dicho: «A palabras necias, oídos sordos»? Este pensamiento te puede ayudar a mantener una voluntad fuerte, pero no es cierto en lo que respecta al corazón. Apelativos como *estúpido, ignorante, alcohólico, adicto, criminal, débil* y *patético* pueden hacerte gran daño. Este tipo de nombres puede quebrantar tu espíritu tanto como los palos y las piedras pueden herir tu cuerpo, sobre todo si los crees y empiezas a atribuírtelos tú mismo. Te pueden derribar, detener en la vida aun antes de ponerte en marcha. Incluso en el caso de que estos calificativos revelen cierta verdad sobre ti, a lo sumo no son más que una verdad parcial y bastante engañosa. Si permites que revistan más importancia en tu corazón y tu mente que las promesas de Dios, te pueden engañar y hacer que te pierdas la verdad de Dios con respecto a tu identidad, que dejes de perseguir el propósito que él ha tenido en mente para ti desde el comienzo del tiempo.

La experiencia me ha enseñado que cuando existe una lucha entre tu corazón y tu cabeza, lo mejor que puedes hacer es tomar tu Biblia y recordarte a ti mismo lo que Dios dice. Tu mente puede insistir en que Dios te creó y te ama, pero tu corazón y tus emociones pueden seguir impugnando ese conocimiento con pensamientos como: *¿qué me ocurre? ¡Parece que no hago nada bien!* Los golpes pueden provocarte una abrumadora sensación de inutilidad y rechazo, porque esto es lo que consigue la mentira acerca de ti mismo. Te desanima y te deja fuera de combate.

Si como yo quieres hallar la paz, tendrás que hacer lo mismo que hice aquel día. Será necesario que regreses a la verdad de la Palabra de Dios que permanece para siempre y dejes de meditar en circunstancias que cambiarán y se desvanecerán.[6]

Esta verdad es la que nos capacita para enfrentar el futuro de una forma inconmovible.

DIOS NOS LLAMA A CADA UNO DE NOSOTROS POR SU NOMBRE

No fui un accidente. No soy una desconocida, sin nombre o indeseada.

Tú tampoco lo eres.

Todos llegamos al planeta de una forma distinta. Algunos bebés son amados, se ora por ellos y unos padres conscientes planifican tenerlos. Otros llegan por sorpresa. A algunos sus progenitores no los desean. Muchos son concebidos con amor y otros por la fuerza. Algunos bebés nacen de forma prematura. Otros lo hacen de nalgas. Unos vienen al mundo por cesárea, y otros en pocos minutos tras unas cuantas contracciones.

Unos son llevados a su hogar y se les acomoda en hermosos cuartos, en cochecitos seleccionados concienzudamente, en cunas artesanales. Otros heredan cosas que nadie ya quiere, o no tienen nada en absoluto.

Es posible que a algunos de nosotros no nos gusten o que desconozcamos las circunstancias de nuestro nacimiento; no obstante, a ninguno nos hace falta que estas nos definan o limiten. Cada uno tenemos la oportunidad de nacer de nuevo en Cristo, un segundo nacimiento que nos conecta con nuestro propósito eterno.

Dios afirma que, incluso antes de crear la tierra, nos predestinó y nos creó en Cristo para buenas obras, unas obras preparadas desde antes de la formación del mundo (Efesios 2.10). Independientemente de nuestra manera de llegar aquí, al margen de los detalles de nuestro nacimiento, cada uno de nosotros fue escogido en la eternidad mucho antes del momento en que irrumpimos en la tierra. Y si Dios nos creó para hacer buenas obras de relevancia eterna, no nos proporcionaría una preparación deficiente para dichas tareas.

Interioriza cada una de estas verdades:

- **Dios nos creó a cada uno de nosotros.** Tal vez no sepamos lo que nuestros progenitores sintieron el uno por el otro ni tan siquiera si se conocían cuando fuimos concebidos, pero todos somos obra de Dios y de nadie más. Somos una obra maestra, creada de forma compleja y amorosa por sus propias manos. Eso es lo que nos proporciona nuestra identidad, y no meramente nuestros padres.
- **Dios nos escoge a cada uno de nosotros.** No somos ocurrencias tardías ni accidentes. Los documentos de mi adopción me pueden haber identificado con un simple número y tratado como a una más de tantas, pero Dios me *seleccionó* de forma individual. Me predestinó desde la eternidad, me diseñó para que estuviera con él más allá de los parámetros del tiempo, y a ti también te ha escogido de esta manera. Eres un elegido. Estas son unas noticias fabulosas para aquellos de nosotros a los que la sociedad nos ha rechazado por motivos de raza, educación, posición social o cualquier otra causa. La sociedad ha dejado claro que no nos valora en absoluto, ¿pero qué puede esto importar cuando el Creador del universo nos ha seleccionado de forma individual, por nombre, para una misión extraordinaria que no le encomendaría a nadie más?
- **Dios está siempre con nosotros.** Aunque nuestros padres nos

rechacen, Dios nunca nos deja ni nos abandona. Sin importar cuáles sean las circunstancias a las que nos enfrentamos, o dondequiera que nos encontremos, Dios siempre está con nosotros, a nuestro lado, alrededor nuestro y en nuestro interior.

- **Dios nos da nombre.** Antes de que nuestros progenitores terrenales nos pusieran nombre, Dios ya nos conocía por él.
- **Dios nos llama.** Ninguno de nosotros es un indeseado. Resulta obvio que Dios nos quería, ya que nos ha llamado a cada uno desde el vientre. Él nunca llamaría a alguien que no quisiera. Nos ha creado específicamente para un buen propósito que se realizará en su momento, durante nuestra estancia en la tierra, y nos prepara a fin de que llevemos a cabo aquellas cosas para las que nos ha hecho. Así como Dios nos ha proporcionado una identidad y un nombre únicos, su plan para nosotros puede ser diferente al que tiene para otra persona. Esto significa que cuando nos vemos guiados por Dios a abogar por una causa que otros cristianos encuentran poco estimulante, o incluso equivocada, no deberíamos sorprendernos. A lo largo de la Biblia, muchos de los que integraban el pueblo de Dios se sintieron solos cuando se dispusieron a cumplir el llamado de Dios para su vida, ya que la visión que él les había proporcionado era únicamente suya y los que pertenecían a su entorno no la entendieron ni la aceptaron en un principio.
- **Dios nos salva.** Tal vez, como a mí, tus padres biológicos te hayan abandonado, pero Dios ha creado una forma en que cada uno de nosotros puede nacer de nuevo. Piensa en ello como una segunda oportunidad. Él borra el desorden de nuestro pasado y nos regala un comienzo flamante, una esperanza para el futuro, y es algo que siempre nos promete a cada uno.
- **Dios es nuestro Padre.** Probablemente no conoceré jamás a mi padre biológico, ese hombre que aparece como *Desconocido* en los documentos que recibí. Tal vez nunca sepa qué aspecto tenía ni qué cosas le gustaban. Quizás tampoco conozcas a tus progenitores. No obstante, sí conocemos a aquel que se

dio a conocer: nuestro Abba, Padre (Gálatas 4.6). Él promete
que podemos reconocer su voz y que cada día iremos siendo
más como él (Efesios 4.11–24).

No, independientemente de lo que nuestros padres pudieran
haber planeado o pretendido, desde la perspectiva de Dios no hubo
nada accidental ni casual en cuanto a mi nacimiento o el tuyo.
Dios nos dice que existen cosas en nuestra vida que no comprenderemos (Job 36.26). Sin embargo, él lo sabe todo. Si queremos
vivir con éxito, inconmovibles, debemos aprender a confiar en que
sus pensamientos y sus caminos son más altos que los nuestros
(Isaías 55.8–9).

La mayor parte del tiempo, cuando nosotros los humanos
escogemos, lo hacemos de forma exclusiva, y esto significa que
elegimos una cosa y descartamos todo lo demás. Se selecciona una
alineación inicial para el juego, mientras los demás jugadores permanecen en el banquillo. Se designa a una persona para el trabajo,
y otro candidato tendrá que esperar su oportunidad de entrar en la
compañía. Unos progenitores adoptivos eligen a un bebé, y otros
se quedan en el orfelinato.

No obstante, Dios escoge a todos, todo el tiempo, y nos elige
primero a cada uno de nosotros (Juan 15.16; Efesios 1.4). Jamás
selecciona a una persona excluyendo a otra. Nos ama tanto a todos
que pagó el precio para que cada persona obtuviera el perdón y se
reconciliara con él, estableciendo un relación personal.

DIOS NOS ESCOGE A PROPÓSITO

Dios no solo nos elige para sí, sino también a fin de llevar a cabo sus
buenas obras en la tierra. Lo sorprendente es que a lo largo de las
Escrituras y la historia parece que ha escogido a las personas más
inverosímiles y menos calificadas para cumplir su plan y su propósito en el mundo. La mayoría de las veces, la respuesta de estos
individuos ha sido insistir en su propia inutilidad. Y de no hacerlo
ellos, ya se encargarán los que están a su alrededor, a todo volumen
y con estridencias. Es ahí donde se halla el peligro: si permitimos

que otros nos digan qué *estamos* o *no* calificados para llevar a cabo, limitaremos lo que Dios desea hacer con nosotros. Y es posible que nunca lleguemos hasta aquellos que necesitan nuestra ayuda.

Me alegra mucho no haberle puesto límites a Dios en ese sentido. Jamás olvidaré que recibí una carta del decano de la escuela de obras sociales de una prestigiosa universidad en la que insinuaba que no estaba calificada para trabajar con jóvenes. En aquella época yo dirigía un floreciente programa juvenil. Sin embargo, según el decano, necesitaba una capacitación formal para trabajar a largo plazo sirviendo a los jóvenes.

Seguro tiene razón, pensé, *no poseo una calificación técnica para hacer exactamente lo que estoy haciendo.* Consideré presentar mi dimisión. Sin embargo, algo muy dentro de mí me dijo: *no, no renuncies.* Y durante catorce años después de haber recibido aquella carta, trabajé a tiempo completo con los jóvenes y ahora lo hago para rescatarlos de la injusticia de la trata de personas. Ante los ojos del mundo no estaba preparada. No obstante, a Dios le preocupaba más mi disposición que mis calificaciones.

Con todo, incluso ahora al contar esta historia, me río cuando recuerdo las veces en que he observado a una persona que, por ejemplo, intentaba dirigir la música en un culto de la iglesia y pensado: *¡ojalá alguien le hubiera dicho que para desempeñar esa tarea debería tener algún sentido del ritmo y la afinación!* En el reino de Dios existen numerosos roles para los cuales uno ha de tener un don único, ya sea en la música, el arte o las relaciones. Deberíamos ser sensibles a la posibilidad de que, si carecemos de tales dones, quizás Dios nos esté conduciendo en una dirección distinta. Sin embargo, una vez que *hallemos* ese rumbo, no debemos permitir que nadie nos disuada.

Lo que es imposible para las personas es posible para Dios. Solo tenemos que creer que Dios nos ha llamado a ir al mundo en su nombre y no prestar oído a los apelativos que incapacitan e incluso paralizan, y a las limitaciones que otros imponen sobre nosotros. No podemos permitir que nos intimiden. Dios califica a aquel a quien llama, y escoge a todo el mundo para que haga algo específico, algo que forma parte de su proyecto. En realidad, la Biblia nos muestra que desde el origen de los tiempos Dios ha escogido al tipo de persona más insólito para realizar lo inimaginable.

- **Dios llamó a Moisés** a la edad de casi ochenta años para decirle al faraón que dejara ir a su pueblo (Éxodo 3—4). No obstante, como ya comentamos en el capítulo uno, él insistió en su falta de elocuencia y en que nadie le prestaría oído. Cuando por fin dejó de poner excusas e hizo lo que Dios le había ordenado, este preparó un camino para él: a través del mar Rojo, cruzando el desierto (proporcionándoles comida, agua y ropa durante cuarenta años) hasta llegar a la entrada de la tierra prometida.
- **Dios llamó a Gedeón** un «guerrero poderoso» y le dijo que salvara a su pueblo, continuamente saqueado por sus enemigos (Jueces 6—8). Sin embargo, Gedeón, que en el momento de recibir el llamado de Dios se hallaba trabajando en un lugar escondido por temor al enemigo, no podía imaginar cómo el Señor utilizaría a un cobarde para pelear por su pueblo. «Pertenezco a la más débil de las tribus», fue su protesta. No obstante, Dios prometió: yo seré fuerte cuando tú seas débil. Y capacitó a Gedeón para que con solo trescientos soldados derrotara al ejército adversario compuesto por un millón de hombres.
- **Dios llamó a Jeremías,** un adolescente, para comunicarle sus nuevas al pueblo judío, pero este temió que siendo tan joven no lo tomaran en serio. Dios afirmó: «Antes de que nacieras, ya te había apartado» (Jeremías 1.5). De modo que, durante veinticuatro años, Jeremías hizo todo lo que el Señor le pidió y escribió dos libros llenos de las palabras de Dios. Aunque el primero de ellos fue destruido y el profeta encarcelado con sus pies encadenados, e incluso una vez se vio arrojado a una cisterna, Dios hizo que lo rescataran y abrió un nuevo camino para que su mensaje se entregara.

Así es como Dios obra. Escoge a cada uno de nosotros para que hagamos algo para él *a pesar* de nuestros fracasos pasados, nuestras limitaciones y nuestra incompetencia. Abraham era un anciano (Génesis 17.1; 24.1); Sara se mostró impaciente (Génesis 16); Noé se embriagó (Génesis 9.20–27); Miriam era una chismosa (Números 12.1–2); Jacob hizo trampa (Génesis 25—27); Jonás se escapó (Jonás 1.3); David tuvo una aventura (2 Samuel 11—12); Elías tenía un humor variable, en un momento atrevido y valiente, y al siguiente temeroso y dándose a la fuga (1 Reyes 18—19); Pedro era temperamental (Juan 18.10); Pablo fue un perseguidor (Hechos 8.3; 9.1–2); Marta se preocupaba demasiado (Lucas 10.40–41); Tomás dudó (Juan 20.24–26); Zaqueo era bajito (Lucas 19.3) y Lázaro estaba muerto (Juan 11.14–44). Sin embargo, Dios tenía un propósito para cada una de estas personas. Las escogió. Las capacitó. Las llamó como nos está llamando a ti y a mí para que vayamos y hagamos cosas en su nombre. Y cuando nos llama, la palabra que utiliza es la misma que utilizó en el mismo principio para calificarnos (Génesis 1.26–28; 2.20, 23): «Bueno».

No tengo la menor duda de que casi todos los que lean este libro habrán sido llamados por Dios en algún momento, en un pasado no muy lejano, para una tarea que nos sacó de nuestra zona de comodidad, llevándonos quizás *muy lejos* de ella. Y tuvimos ganas de responder como lo hizo Moisés: «Señor, no soy elocuente».

«Señor, no se me da bien conocer a las personas».

«Señor, no soy lo suficiente asertivo. Envía mejor a Tim, está mejor preparado».

«Señor, no poseo la educación que esta tarea requiere. Las personas a las que tengo que convencer se van a reír de mí. ¡Todas ellas cuentan con títulos de la Ivy League!».

«Soy demasiado mayor [o joven]».

«Estoy en mala forma».

«No soy lo bastante inteligente [o no estoy a la moda o en onda, ni soy valiente]».

Moisés, Gedeón y Jeremías habrían dejado pasar su momento en la historia de habérseles permitido aceptar sus excusas. Ni siquiera conoceríamos sus nombres hoy en día. Sabemos quiénes son porque Dios se negó a admitir sus pretextos e insistió para que aceptaran su nombramiento, proporcionándoles todo lo que necesitaban a fin de lograr el éxito en su empresa.

¿Cuál ha sido la misión imposible que has estado declinando debido a que consideras que no estás a la altura? ¿Cuándo aceptarás por fin esa cita con el destino?

SOMOS SUS LLAMADOS Y SUS ESCOGIDOS

El día que supe que no había sido deseada, no tenía nombre y era hija de un desconocido, podría haberme sentido devastada. En realidad, por un momento fue así, hasta que Dios me recordó que su palabra significa más que la de cualquier otro.

Desde ese día, he hablado sobre ello con franqueza y a menudo. He compartido con otros sobre el hecho de encontrar mi verdadera identidad en Cristo. Acerca de saber en lo más profundo de mi ser que él me había escogido y llamado por mi nombre. Con el tiempo, llegué a notar que cada vez que acababa de hablar, la gente hacía fila y esperaba bastante tiempo para compartir conmigo sus propias historias de adopción.

El llanto de algunas mujeres por los hijos que habían dado en adopción era desgarrador; sentían una culpa y una pérdida abrumadoras. Algunos me contaban cómo se habían enterado de que eran adoptados y cuánto habían tenido que luchar después con una profunda sensación de rechazo y falta de identidad. Y otras mujeres compartían conmigo que habían escogido el aborto y ahora tenían un sentimiento de culpa y vergüenza, de tristeza y remordimiento.

No me había dado cuenta de que mi propia historia se conectaría con tantas otras. Sin embargo, con cada conversación, con cada oración, con cada lágrima vertida por todos los aspectos de esta cuestión de la adopción, tomé consciencia de una cosa: a pesar de mi pasado sabía que había sido escogida por Dios, y esto me capacitaba para ayudar a que otros descubrieran que también habían sido elegidos por y para él, independientemente de las circunstancias de su vida. En otras palabras, al sabernos escogidos, al haber oído a Dios pronunciar nuestro nombre, podemos ayudar a que otros escuchen cómo él los llama también.

Nada en mi nacimiento, o en el tuyo, fue fortuito ni accidental. Nací para este tiempo, y tú también. Cada uno de nosotros fue escogido para una tarea particular, cósmicamente importante, que ningún otro puede hacer. Es necesario que seamos diligentes a la hora de escuchar la voz de Dios que nos llama para dicha obra y alentemos a otros a ser igual de obedientes.

Tal cosa significa no mirar por encima del hombro al dependiente de la tienda de alimentos a la salida, o a las personas abatidas con las que nos cruzamos en la calle. En vez de ello, deberíamos escoger reconocer su valor y proclamar su valía, y esto supone prestarle el interés necesario a la madre en preescolar cuyo hijo no da un paso al frente cuando oye su nombre, amar lo bastante como para decirle algo alegre o gracioso a la recepcionista en la consulta del doctor, que lucha por contestar las llamadas telefónicas y a la vez responder las preguntas que le hacen en el mostrador. Implica darle las gracias al basurero por recoger los contenedores de basura y reconocer a esa alma creada y comprada por Dios con la que nos encontramos cada día.

Sin embargo, no ayudaremos (no podremos hacerlo) a que otros sepan que importan si no reconocemos primero cuánto Dios nos ama y cómo nos escoge a cada uno de nosotros. Y esto es un reto que debemos afrontar en nuestro interior.

¿LO OYES?

Varios meses después del día en que supe que era adoptada, le pregunté a mi madre cómo se había sentido en el momento que recibió la llamada anunciándole mi nacimiento. ¿Cuáles habían sido sus expectativas?

Sus ojos se iluminaron. Me explicó con entusiasmo cómo mi padre y ella habían esperado con ansias que fuera una niña, porque ya tenían un niño. No obstante, en aquella época no existían las ecografías que te revelaban si ibas a tener un varón o una niña. Mamá estaba muy unida a su hermana, que ya tenía cuatro hijos varones y también anhelaba tener una hija, de modo que solían conversar sobre nombres y sueños con respecto a mí.

Un día, mi tía sugirió: «¿Por qué no llamarla Christine?». «Me gusta», respondió mamá. Y así tomaron la decisión mientras disfrutaban de una taza de té. No hubo nada profundo o espiritual en ese acuerdo, sino solo se debió a que a ambas les gustó el nombre *Christine*.

Sin embargo, sé que mi nombre, Christine, se deriva del griego y el latín que significa *seguidor de Cristo*.

Y el Cristo al que sigo también me ha dado otro nombre, uno por el que me llama. Y de igual modo te llama a ti y a otros por el mismo nombre, uno sencillo, de cuatro letras, como *amor*. Uno que resuena firmemente a lo largo del tiempo y el espacio, porque has sido escogido antes del tiempo, en su tiempo, y más allá del tiempo.

¿Lo oyes? ¿Escuchas cómo pronuncia tu nombre? ¿Lo ves ahí impreso en su libro?[7]

Él nos llama con un nombre: Míos.

parte 2

DIOS CONOCE MI
DOLOR

capítulo 4
Tejido cicatrizal

Abrí la puerta y me encontré a Nick en la entrada con una docena de las rosas más bellas que hubiera visto. Aunque llevábamos un año saliendo y a estas alturas debería conocerlo bien, todavía me sorprendió e impresionó. En verdad era el hombre más atento, amable y generoso que había conocido jamás, y siempre parecía encontrar una manera de hacerme sentir especial. Y lo mejor de todo: últimamente habíamos estado hablando más acerca del futuro que del presente.

Me subí al auto con una innegable sensación de ser especial y ansiosa por lo que creía nos esperaba aquella noche: una cena en nuestro restaurante tailandés favorito. Como de costumbre, empezamos a conversar. Estaba tan absorta en nuestra charla que pasó algún tiempo antes de percatarme de que nos encontrábamos en un lugar completamente inesperado de la ciudad, en la dirección opuesta al restaurante. Por primera vez aquella noche hice una pausa.

—¿Nick? —pregunté—. ¿Nos hemos perdido?

—Solo ponte cómoda y relájate —respondió, sonriendo con complicidad—. Tengo una sorpresa.

Mi corazón empezó a acelerarse con una profunda y repentina

angustia. ¿Adónde íbamos? ¿Por qué hacía Nick aquello? ¿Acaso no sabía que odiaba las sorpresas? Me eché hacia atrás en el asiento con la espalda tensa, los hombros rígidos y los brazos cruzados. No existía una razón lógica para que me sintiera de aquel modo, pero no podía evitarlo. Mentalmente entendía que Nick solo quería hacer algo especial. Sin embargo, incluso así, no podía sacudirme el temor y el miedo familiar que las sorpresas provocaban en mí desde que tenía uso de razón.

Miré de reojo a Nick. Por su forma de apretar la mandíbula podía ver que mi respuesta lo había frustrado. Un minuto después, dio la vuelta con el auto y retomó el camino por donde habíamos venido.

Tras unos instantes de tenso silencio, Nick aminoró la marcha y se viró hacia mí: «Christine», me dijo mirándome de forma penetrante y sin levantar la voz. «Esto mismo ocurre una y otra vez, de muchas maneras distintas. No quiero ignorarlo. Es necesario que hablemos y tiene que ser ahora. Volveremos a tu casa».

Tragué en seco. Nick no me había hablado nunca de ese modo. ¡Me inquieté y me sentí aun *más* ansiosa por haberlo disgustado! Desde luego no quería explicarle por qué me alteraban tanto las sorpresas. El temor a una conversación que había estado evitando toda mi vida me puso todavía más nerviosa.

Nick estacionó en la entrada de mi casa. No perdió el tiempo con rodeos. Aún estábamos dentro del auto cuando me dijo: «Christine, yo estoy de tu parte. No intento herirte. Sin embargo, por alguna razón, cada vez que intento hacer algo espontáneo o cuando parece que las cosas se escapan de tu control directo, te pones frenética. Luego, si intento hablar contigo sobre ello, levantas muros y me dejas emocionalmente afuera. No sé qué está pasando, pero es evidente que no confías en mí, y si esta relación no se basa en la confianza, ¿qué estamos haciendo entonces?».

Tan pronto como las palabras salieron de su boca supe que tenía toda la razón. Lo amaba. Por supuesto que sí. Sin embargo, no *confiaba* en él por completo. Esto no tenía nada que ver con su carácter o con algo que hubiera podido hacer. La verdad era que yo no confiaba en *nadie* de una forma absoluta.

En un tono más suave, añadió: «Sabes que te amo. Pero no puedo evitar sentir que esperas que haga algo que te decepcione o te hiera, lo cual inevitablemente ocurrirá, de modo que puedas tener una excusa para ponerle fin a esto. Quiero que nuestra relación funcione, Christine, pero necesito que confíes en mí o no tendrá sentido que sigamos adelante».

No era la primera vez que Nick desafiaba mi postura defensiva. En realidad, a lo largo de nuestro noviazgo había ido desmantelando muchas de las defensas que yo utilizaba para mantener a los demás a distancia, mayormente cosas sencillas como no permitirle abrir las puertas para mí o llevarme los paquetes. Siendo en extremo independiente, insistía en hacer las cosas por mí misma. Nick era la primera persona que se había quedado el tiempo suficiente para traspasar mis defensas. Su amable persistencia en hacer y arreglar las cosas para mí era una nueva experiencia, pero poco a poco fui cediendo a aceptar su ayuda. Durante el proceso, se ganó mi corazón... solo que no todo. Había un trozo al que me seguía aferrando todavía.

Ahora, Nick luchaba también por ese pedazo. Me pedía que saliera de la fortaleza que había edificado para protegerme. En mi cabeza, entendía que no podríamos avanzar como pareja si no lo hacía partícipe de mis secretos y le brindaba mi confianza. *Quería* ser más abierta y confiada. Sin embargo, existía una barrera para esa franqueza, una que no creía poder vencer jamás, y un miedo terrible a intentarlo.

Mi corazón latía con fuerza. Me sudaban las palmas de las manos. Mi lengua parecía de plomo y envuelta en papel. No me salían las palabras, y pensé que si me empeñaba en hacerlo, el único sonido que conseguiría sería un graznido. Podía escoger la salida más fácil: bajarme del auto y marcharme. Mantener la protección que había construido alrededor de mi corazón y mi alma. No obstante, si lo hacía, lo perdería. De modo que permanecí allí sentada, titubeando. ¿Debía continuar tras mis barreras protectoras y guardar silencio, o sería mejor revelar lo que había escondido detrás de ellas?

No se trataba de un nuevo dilema. Durante meses había pasado la mitad del tiempo queriendo compartir con Nick todo lo relacionado con mi pasado, y la otra mitad segura de no querer mencionarlo nunca. ¿Acaso mi pasado no era solo eso, algo pasado? ¿Resultaba verdaderamente necesario contárselo? ¿No me había ocupado ya de ello? Si se lo comentaba, ¿pensaría que había sido mi culpa? ¿Se preguntaría por qué no lo había mencionado nunca? ¿Indagaría por qué no había hallado una manera de detenerlo antes? ¿Querría a alguien intacta?

Todo el dolor escondido durante años, que todavía sentía, brotó de mi interior. Creía que ya lo había superado, que lo había resuelto, que había acabado con ello. Sin embargo, todas aquellas viejas heridas ahora amenazaban con volver a abrirse en cualquier momento.

Levanté la mirada hacia Nick y eso bastó para dilucidar mi dilema. Ver el desconcierto en su rostro fue como mirar en un espejo y observar la confusión que había estado contemplando en mi propio rostro durante muchos años. Por el bien de ambos, tenía que sacar aquello de la oscuridad y exponerlo a la luz.

Respiré profundamente. «Te amo de verdad. *Quiero* confiar en ti... solo que no me resulta tan fácil». *¿Cómo decirlo? ¿Cómo contarle todo?* Volví a aspirar otra bocanada de aire y allí sentada, en la entrada de mi casa, empecé a contarle cómo habían abusado de mí diferentes hombres, durante muchos años, siendo una niña. Cuando pronuncié la palabra *abusado*, comencé a temblar. Contarle al hombre que amaba lo que otros me habían hecho era lo más difícil que había hecho en mi vida.

No pude mirar a Nick mientras hablaba. Mantuve la mirada fija en el suelo del auto y abrí mi corazón, sacando lo que había mantenido en secreto durante años, cosas que nunca pensé que podría contar. Una vez roto el dique, ya no se podía retener nada... todo emergió con la fuerza de una inundación. *Si te voy a perder por esto, Nick*, pensé, *será mejor que lo sepas todo*. Todo lo que había estado escondido salió a borbotones: lugares, incidentes, recuerdos que ni siquiera sabía que tenía... una cosa llevó a otra, un relato de horror que nos dejó a ambos estupefactos.

Por fin me detuve. Nick no me había interrumpido ni una sola vez. Yo no había levantado la mirada ni un instante, y ahora me sentía completamente desprotegida, vulnerable, agotada. A pesar de ello, y aun sabiendo que suena un poco estereotipado, también sentí como si me quitaran un gran peso de encima. Por primera vez disfruté de una libertad que ni siquiera había notado que me faltara.

UN CORAZÓN ENTERRADO SALE A LA LUZ

Ahora la suerte estaba echada. No había vuelta atrás. Ya no podía seguir escapando. El pasado me había alcanzado, y Dios estaba usando a este hombre al que tanto amaba para obligarme a lidiar francamente con todos los secretos.

No habían sido secretos tan solo para el resto del mundo. Hasta a mí me había sorprendido el poder de mi respuesta emocional al revivir aquellos años de abuso. Era evidente que había mucho que yo misma no había admitido: continuaba asustada ante lo que me había sucedido y avergonzada por el abuso. Todavía me sentía culpable. Me habían roto el corazón y lo habían pisoteado. Creía que la parte de él a la que me aferraba ya se había curado. No obstante, ahora sabía que no lo estaba en absoluto. Solo había aplicado un apósito sobre una herida abierta, con la esperanza de que se curara sola y desapareciera. Afirmaba amar a Dios con todo mi corazón... pero este no estaba completo, sino roto, magullado, hecho pedazos. Me había jurado que no volvería a permitir que nadie me dañara, traicionara, utilizara o se aprovechara de mí. No me había percatado de que, al encerrarme detrás de aquellos muros, también me estaba cerrando al amor. Ahora, a través de Nick, Dios me estaba ayudando a enfrentarme a una pregunta con la que no había contado: ¿por qué no creía que el milagro que Dios podía obrar en el corazón de otros también lo podía realizar en el mío?

«Oh, Nick», exclamé, «deseo mucho confiar en ti, pero al parecer llega un momento en el que no puedo evitar retraerme para protegerme. Se suponía que aquellos hombres que me hicieron daño eran personas en las que podía confiar. Yo *confiaba* en ellos. Mi familia también lo hacía. Con todo, demostraron no ser dignos de aquella confianza. Y cuando uno de ellos salía de mi vida y durante un tiempo cesaba el abuso, bajaba la guardia convencida de que tendría una oportunidad de empezar de nuevo. Luego, la agresión volvía a comenzar, como un ciclo infinito. Aprendí que era más seguro mantener la defensa activa todo el tiempo que confiar en alguien, aunque fuera por algún tiempo».

Los muros se estaban derrumbando en ese momento. «Me siento hecha trizas por dentro», confesé. «Quiero darte la llave de los recovecos más recónditos de mi corazón, pero no sé dónde la puse la última vez. Lo frustrante es esto: ¡no te irás! Sé que suena extraño, pero si manteniéndote a distancia y no confiando en ti puedo influir para que te marches, habré demostrado que no merezco que alguien se quede conmigo y podré renunciar, ya que no existe una esperanza real. Si permaneces a mi lado, me veré obligada a preguntarme: *¿de verdad hay algo en mí que justifique el tiempo y el sacrificio que me dedica?*».

Nick extendió sus brazos y me abrazó por largo tiempo. «Lamento de veras lo que te ocurrió», musitó. «Lo siento con toda mi alma».

Me abandoné en sus brazos, inmóvil. *¿Acaso su corazón sufría mucho por mí? ¿Me amaba tanto que se sentía parte de mi dolor? ¿Deseaba con todas sus fuerzas remediarlo de algún modo?* Me sentí sorprendida. Nick ya estaba al corriente de mi pasado —mis secretos, mi vergüenza y mi culpa— y no me apartaba de sí como había esperado. En realidad, era todo lo contrario: me apretaba contra su pecho. Seguía amándome. Sabiendo todo lo que ahora sabía, parecía amarme aun más.

Sentí una agitación interna. Era mi corazón fragmentado y herido que empezaba a restaurarse. Mediante al amor terrenal de Nick por mí, Dios me estaba mostrando un vislumbre de su extraordinario amor divino.

LIBERADA, AUNQUE NO LIBRE

Durante más de doce años fui herida por el abuso. Todo aquel dolor había conseguido que enterrara una parte de mi corazón y mi alma en lo que creía era un lugar seguro y protegido. Anhelaba con desesperación las relaciones cercanas, pero también las temía, ya que no quería en modo alguno que volvieran a herirme. Había quedado atrapada.

Un jefe autoritario aplasta tu espíritu. Un cónyuge infiel traiciona tu confianza. Los amigos crueles pisotean tu corazón con palabras maliciosas. Unos padres insensibles defraudan tu confianza. Los maestros irreflexivos te llaman estúpido y te dicen que nunca llegarás a ser nada, destruyendo así tu autoestima. Los hijos rebeldes te atropellan. Los abusadores intentan robarte el alma. Cualquiera que sea la fuente del ataque sobre nuestro cuerpo, alma y espíritu, el dolor escuece y el daño penetra hasta lo más profundo.

Recordamos el momento exacto del daño, cómo pareció que la tierra dejaba de girar, de qué forma se detuvo nuestro mundo. No se pueden olvidar las visiones, los olores, una canción que sonaba, cómo íbamos vestidos, quién más estaba allí. Estas cosas se congelan en el recuerdo y una parte de nosotros se hiela con ellas, se queda atascada para siempre en aquel lugar, incapaz de seguir adelante.

Tal vez quedes liberado de tu situación, pero no eres libre.

Eso fue lo que me ocurrió a mí. Aunque ya no era una esclava diaria de mis agresores, había cerrado mi corazón. Ya no confiaba en nadie… ni siquiera en Dios. Lo mantenía a distancia dándole mi tiempo, pero no la totalidad de mi ser. No confiaba en que pudiera cuidar de mí, y lo mismo me sucedía con Nick.

No podía perdonar a aquellos hombres que me hicieron tanto daño, ni incluso a mí misma por ser víctima del abuso. Aun peor, caí en la cuenta de que no había perdonado a Dios. Después de todo, ¿dónde estaba él cuando era una niña indefensa y aquellos hombres pusieron sus manos sobre mí? ¿Por qué no los detuvo?

¿De veras pensaba todo esto? ¿Cómo podía obligar a otros a amar a Dios con todo su corazón, cuando yo le negaba una parte del mío? ¿Cómo adentrarme inconmovible en un futuro desconocido con un Dios en quien no confiaba?

Aunque me sentí desconcertada por esta revelación, Dios no lo estaba. Como él lo sabe todo, no ignoraba que si debía ser en verdad libre, necesitaba ocuparme de aquella herida. Él podía sanarme, pero era yo quien tenía que *escoger* esa curación. Si debía volver a estar completa, primero tenía que admitir que no lo estaba. Tenía que aceptar mi necesidad de ayuda. Era preciso que me acercara a Dios y los demás como parte del ejercicio sanador de la totalidad de mi corazón. Solo entonces podría amar a otros de una forma pura. Sobre todo a Nick.

ATADA POR EL TEJIDO CICATRIZAL

Cuando la vida te hace daño, queremos una solución rápida, una renovación instantánea, integridad. Pretendemos que Dios resuelva el problema. Sin embargo, la mayor parte del tiempo el daño no ocurre de la noche a la mañana, y la curación tampoco. Algunas heridas cicatrizan, pero el tejido cicatrizal permanece. La sanidad completa precisa su tiempo y llega bien profundo, hasta alcanzar los lugares dolorosos.

En una ocasión, cuando realizaba un salto arriesgado en una pista de esquí, me rompí los ligamentos principales que conectan los huesos de la rodilla. Tuvieron que operarme de urgencia. Más tarde, cuando el doctor quitó el vendaje para la primera revisión postoperatoria, me advirtió que mi pierna presentaría un aspecto anormal debido a la hinchazón.

A pesar de ello, me sentí desconcertada. Mi pierna estaba cubierta de manchas de sangre y unos tubos salían de mi rodilla para drenar los fluidos, dándole un aspecto futurista y robótico que recordaba a los Borg, los personajes ficticios del universo de Star Trek.

El doctor se percató de mi angustia.

—No te preocupes —me consoló—. Es perfectamente normal dado el trauma de la cirugía. Dale tiempo y tu pierna volverá a la normalidad.

—Si no lo hace, tendré que llevar pantalones el resto de mi vida —bromeé.

El doctor sonrió, acercando una silla para sentarse junto a mi cama.

—Es evidente que eres una persona sumamente motivada y que deseas regresar a la normalidad lo antes posible —me dijo—. Tu entusiasmo es admirable, pero debes recordar que la recuperación de este tipo de cirugía no será fácil. Tendrás que soportar un dolor considerable para recuperar la fuerza y la amplitud de movimiento de tu pierna.

Sus palabras eran desalentadoras. A pesar de ello, decidí que sería su paciente de más rápida curación.

—Enseguida estaré corriendo por la playa —prometí con una sonrisa débil—. Odio el dolor, pero si solo es temporal, lo soportaré. Podré superarlo.

En su mirada vi compasión.

—Debería advertirte —señaló— que el dolor de la recuperación será infinitamente superior al de la lesión.

Me explicó que el tejido cicatrizal se había desarrollado a partir de mi trauma inicial y además por la lesión de la cirugía. Mientras mi cuerpo intentaba sanar por sí mismo, alrededor de los ligamentos crecían unas fibras protectoras. La amplitud de movimiento, la circulación e incluso la sensación de mi pierna se veían afectadas. A menos que se rompieran aquellas fibras de protección del tejido cicatrizal, no recuperaría la plena movilidad; incluso podría verme obligada a llevar un aparato ortopédico durante el resto de mi vida. La única forma de romper ese tejido sería por medio de un incesante proceso de rehabilitación con un buen fisioterapeuta y un compromiso constante de mi parte.

Dicho esto, el doctor me deseó lo mejor y salió.

Me quedé allí tumbada, intentando digerir todo lo que acababa de escuchar. Creía que la cirugía resolvería todos mis problemas. Ahora me enteraba de que era tan solo el principio de un proceso extremadamente doloroso que conduciría, o así lo esperaba yo, a una recuperación completa. Mis elecciones eran limitadas. Podía evitar el dolor y vivir con una pierna que solo funcionara de forma parcial durante el resto de mi vida, o aceptar el dolor y experimentar una restauración plena.

El tejido cicatrizal de mi rodilla no es distinto al que se forma en nuestro corazón. Los años de recuerdos obsesivos después de un abuso, o un ataque de cualquier tipo, pueden durar mucho más que los sucesos reales. Un corazón roto en un instante al enterarse de un adulterio puede impedirte amar durante años, si es que consigues volver a hacerlo. Los insultos que recibes en el patio siendo niño pueden resonar en tus oídos por el resto de tu vida.

Son muchas las cosas que nos pueden herir, rompernos el corazón y el espíritu, lastimar nuestra alma y cambiarnos para siempre, dejando nuestro corazón cubierto de fibras de desconfianza, amargura, autocondenación, culpa, temor... todas esas cosas que nos impiden salir adelante, arriesgarnos, avanzar.

Queremos que Dios nos restaure y sane rápidamente y sin dolor. Sin embargo, cuando esto no ocurre, nos quedamos postrados, cojeamos o tenemos que llevar un aparato ortopédico. Y esta es la tragedia: *no tenemos fuerza de espíritu ni integridad de corazón para liberar a otro, porque nosotros mismos no somos libres ni estamos curados.*

No obstante, Dios nos promete que sus planes para nosotros son para bien y no para mal, para nuestra prosperidad y no para dañarnos, proyectos a fin de darnos un futuro y una esperanza (Jeremías 29.11).

¿Te han herido? ¿Tienes el corazón destrozado, cubierto de tejido cicatrizal? Dios tiene un plan extraordinario para tu futuro, pero si no te has ocupado de las heridas de tu pasado, no podrás dirigirte hacia donde él te pide ir.

Las personas lastimadas a su vez dañan a otros. A mí me lastimaron, y como consecuencia de ello había herido a Nick y quién sabe a cuántos más. Si quería dejar de hacerlo y encontrar la integridad y la sanidad, tenía que perdonar y confiar. Sí, era necesario que perdonara a los que habían abusado de mí. No obstante, también precisaba ir más allá: necesitaba confiar en que Nick me amaba y sanar mi relación con Dios.

Luego de mi confrontación con Nick a la entrada de mi casa, lidié con esta idea durante semanas. Leí una y otra vez la promesa de Jesús: «Si perdonan a otros sus ofensas, también los perdonará a ustedes su Padre celestial. Pero si no perdonan a otros sus ofensas, tampoco su Padre les perdonará a ustedes las suyas» (Mateo 6.14–15).

¿Cómo podía perdonar un abuso repetido? ¿Cómo perdonar a Dios luego de haber visto mi confianza quebrantada tantas veces cuando era una niña?

PASOS HACIA LA INTEGRIDAD Y LA SANIDAD

A la persona que supuestamente lo tiene todo resuelto le resulta más difícil admitir su necesidad de ayuda. Sin embargo, esto fue exactamente lo que tuve que hacer. Les enseñaba a mis estudiantes cómo confiar en Dios en su caminar diario, y ahora yo misma tenía que aprender a hacerlo, empezar de nuevo.

Mis preguntas eran tan grandes que se las transmití a un consejero. Aunque la confrontación con Nick había destruido la fortaleza alrededor de mi corazón, quedaba un muro. Jamás me liberaría de mis recuerdos obsesivos y mis viejos sentimientos de vergüenza, autocondenación, ira, amargura y desconfianza, a menos que decidiera crear nuevos recuerdos y aceptara sentimientos desconocidos como la paz, la bondad y la compasión.

Del mismo modo, la esposa abandonada por su marido no puede sentirse libre para volver a amar si se queda atascada en la amargura hacia su esposo. El muchacho cuyo entrenador se burla de él sin misericordia no tendrá libertad para esforzarse a fin de alcanzar nuevos límites si permanece enfocado en los «fracasos» pasados. El niño al que sus padres nunca alentaron no hallará jamás la esperanza si persiste en escuchar las palabras grabadas en su mente acerca de lo que no es posible en la vida. La libertad y la integridad comienzan desde el interior.

Dios nos dice que nos toleremos y nos perdonemos los unos a los otros así como hemos sido perdonados (Colosenses 3.13). *Tolerar* significa que habrá un dolor que soportar. El proceso de curación que tenía por delante requeriría del toque de la mano de Dios, así como de reflexión y trabajo, y no había un sorbo de elixir o una píldora que pudiera tomar para evitarlo. Era necesario que me ocupara del tejido cicatrizal emocional de igual modo que había soportado la fisioterapia.

La curación no ocurre de la noche a la mañana. La Biblia nos cuenta la historia de Naamán, un valiente jefe del ejército sirio que estaba enfermo de lepra (2 Reyes 5.1–19). A él se le ordenó zambullirse siete veces en el lodoso río Jordán para que tuviera lugar la sanidad. No podía ir a un río más hermoso, con aguas más limpias, y sumergirse solo una vez. Era necesario que se internara en el Jordán y se bañara una y otra, y otra vez, hasta hacerlo siete veces. Curarse era un proceso desagradable, una elección que debía hacer. En nuestra vida la sanidad funciona de la misma manera.

Debemos elegir curarnos y confiar en que si hacemos lo que Dios, el Gran Médico, nos pide, si perdonamos a los que nos han herido y dañado, habrá un cambio, un buen resultado, fuerza e integridad.

Esto significa que podemos:

- **Perdonar cada vez que sentimos enfado, desconfianza o amargura.** En lugar de continuar sintiendo emociones que me comen viva, puedo recrearme en todo lo bueno. Filipenses 4.8 nos da instrucciones para que pensemos en todo lo que es verdadero y justo, noble y puro, agradable y admirable, excelente y digno de elogio, porque estas cosas honran a Dios.

- **Permanecer en el momento presente o pensar en el futuro,** en lugar de repasar las viejas injusticias y dejar que nuestra vida gire en torno al pasado. La recompensa de pensar en el futuro es mayor, declara Filipenses 3.13–14. Así como la fisioterapia fue necesaria para romper el tejido cicatrizal, tenía que levantarme y esforzarme, «esperando alcanzar aquello para lo cual Cristo Jesús me alcanzó a mí» (Filipenses 3.12). ¿Y qué es eso para lo cual me alcanzó, y a todos nosotros? Un destino que marcara la diferencia en este mundo... para él. No obstante, solo podemos reclamar esa promesa abandonando el enfoque en nuestro pasado y estando dispuestos a avanzar hacia el futuro.

- **Amar lo suficiente a los demás para dejarlos hacer sus propias elecciones, en lugar de amar la necesidad de controlar más e insistir en lo que nosotros decidimos.** Podía aferrarme a Salmos 52.8, donde se afirma que mediante la confianza en el amor infalible de Dios por mí, puedo florecer como un olivo. Esto significaba que podía permitir que Nick tomara decisiones sin cuestionar a nadie ni sentir la necesidad de controlarlo cuando estábamos juntos. ¡Podía escoger un restaurante sin consultarme! El amor de Dios me sostendría en todo, incluso (me reí para mis adentros) si el restaurante no era de mi elección.

* **Renunciar a la idea de nuestro poder percibido y en vez de ello enfocarnos en la obra de Dios en cada persona y el poder de la cruz.** El abuso que sufrí años antes me había dañado. Sin embargo, no podría curar mi propio corazón, como tampoco bastaba con desear que mi rodilla recuperara toda su fuerza y poder sin el asesoramiento de un buen fisioterapeuta. No obstante, eso está bien. Dios promete ser fuerte cuando nosotros somos débiles (2 Corintios 12.10).

* **Dejar de intentar castigar con ira y odio a quienes nos han lastimado. En vez de ello, podemos dejar que sea Dios quien se ocupe de estas personas.** Durante años había pensado que perdonar significaba permitir que los que habían abusado de mí se salieran con la suya. Sin embargo, mi negativa a perdonarlos me hacía más daño a mí que a ellos. No perdonar es como ingerir un veneno y esperar que mate a otro. La falta de perdón solo te lastima a ti, y el daño resulta considerable. Te conviertes en un cobarde, te atrofia, aísla y hunde en la soledad, te convierte en alguien desagradable y amargado. Jesús nos ordenó perdonar setenta veces siete (Mateo 18.22), porque independientemente de cuánto perdones a otros, él siempre te habrá perdonado a ti mucho más.

* **Confiar en Dios y no en nosotros mismos.** Proverbios 3.5–6 nos aconseja confiar en el Señor con todo nuestro corazón y apoyarnos en él y no en nuestra propia inteligencia, porque él guiará nuestro camino. Había visto cómo Dios condujo a los israelitas a la Tierra Prometida, cómo guió a las personas (por ejemplo, a los tres sabios, e incluso a los extraviados como Pablo) a Jesús. Lo que hizo por otros, también podía hacerlo por mí, solo con depositar mi confianza en él y seguir su dirección.

* **Creer que nuestras heridas pueden hacernos más fuertes.** El cirujano que me operó la rodilla me comentó más tarde

que después de la terapia mi pierna derecha, la que me había lesionado, era más fuerte que la izquierda. El duro trabajo de hacer volver aquella pierna a la «normalidad» había fortalecido los músculos y el tejido conjuntivo. Del mismo modo, la parte herida de mi corazón también era más fuerte.

Además de lo que nosotros podemos hacer, Dios también está obrando. Él, como Gran Médico, siempre es bueno. Podemos confiar en él en todo momento, pues se encarga de convertir todo lo malo en algo bueno.

En la Biblia, los hermanos de José lo maltrataron y lo vendieron como esclavo, siendo herido una y otra vez por sus enemigos. No obstante, hizo un extraordinario descubrimiento que se nos revela en Génesis 50.20:

Es verdad que ustedes pensaron hacerme mal, pero Dios transformó ese mal en bien para lograr lo que hoy estamos viendo: salvar la vida de mucha gente.

La verdad que José descubrió entonces no es menos cierta para nosotros hoy: cualquier cosa que pretenda causar mal en este mundo, Dios la puede usar para bien. Él es capaz de tomar el caos de nuestro pasado y transformarlo en un mensaje. Convierte nuestras pruebas y aflicciones en un testimonio.

El enemigo pretendía hacerme daño cuando permitió que aquellos hombres abusaran de mí, así como tenía malas intenciones contra mi persona cuando me dejaron sin nombre y sin quererme en un hospital. No obstante, Dios convirtió aquel supuesto mal en algo bueno. Romanos 8.28 no afirma que todas las cosas que nos suceden son buenas; lo que sí asegura es que Dios es capaz de hacer que todas las cosas ayuden a bien a aquellos que le aman y son llamados según su propósito.

Si confiamos en Dios con nuestro corazón quebrantado y herido, traerá sanidad, restauración e integridad. Él toma al débil, marginado y oprimido, y hace todas las cosas nuevas. Lo que otro abandonaría por estar roto, para Dios es de suma belleza. Él estima esa vida damnificada, la ama, la escoge y la sana a fin de devolverle su integridad.

MI PASADO PODÍA PROPORCIONARLE UN FUTURO A OTRO

Al estar dispuesta a dar un paso (sin ser necesariamente capaz de ello, sino tan solo deseándolo) y otro, y otro más, Dios me ha llevado a los lugares más interesantes. Tomó lo que yo creía roto e indigno, mi corazón, e hizo algo hermoso entregándoselo a otros que se ven abatidos por la vida y las circunstancias. Esa es la naturaleza de Dios. Él usa aquello mismo que el enemigo ha empleado para intentar destruir nuestra vida y se sirve de ello a fin de ayudar a otros. Puede sanar cualquier herida y transformar tus cicatrices en señales de fortaleza para su gloria.

Tus errores pasados, tus heridas y tu dolor pueden ayudar a que otro tenga un futuro. Cualquier circunstancia que hayamos atravesado nos capacita para auxiliar a los demás. Dios no desperdicia ni una sola experiencia de nuestra vida. Lo aprovecha todo para ayudar a otra persona. No quiere que permanezcamos atascados, inmovilizados o paralizados por el pasado. Nos envió a Jesús para mostrarnos cómo avanzar hacia el futuro.

Siempre he sabido que no era la única en llevar tanto dolor conmigo. De alguna manera, todos estamos quebrantados. Todos tenemos heridas. Algunos las utilizamos como excusa y no hacemos nada para servir a los demás, sino permanecemos sentados y alimentamos nuestra miseria. Dios no quiere esto y tampoco es el modelo que vemos una y otra vez en la Biblia. El modelo bíblico es que Dios escoge deliberadamente unas vasijas imperfectas, a aquellos que han sido heridos, personas con limitaciones físicas o emocionales. Entonces los prepara con el objetivo de que sirvan y los envía *incluso cuando su debilidad sigue siendo evidente*, a fin de que su fuerza se perfeccione en esa debilidad. En realidad, nuestra debilidad es la que con frecuencia nos capacita para servir, pues aquellos a los que servimos se identifican con nuestro dolor. Como siempre, Dios obra *en* nosotros para poder trabajar *por medio* de nosotros. Y así lo hizo conmigo.

¡Me alegra mucho que usara a Nick para iniciar el proceso de sanidad y restauración en mi corazón! Jamás imaginé que todos los temores de mi pasado que me habían paralizado durante años pudieran servir para darme el valor de mantenerme a flote. No obstante, eso fue exactamente lo que ocurrió, y el 30 de marzo de 1996 avancé hacia mi futuro.

Nick estaba allí adelante, al final del pasillo. Con cada paso que daba, me maravillaba de nuestro buen Dios, que lo había traído a mi vida, lo había llevado a dar la vuelta con el auto y detenerse para enfrentarme a la verdad. Cada paso que me acercaba a Nick también me recordaba cómo, al curar mi corazón, Dios se había aproximado a mí.

Morí para que pudieras ser libre, completa, restaurada y sanada, me susurró. A lo largo del último año de aquel período de curación me había enseñado a no conformarme con menos. Mi pasado ya no me definía ni a mi futuro. Estaba completa para ser amada y para brindar amor a cambio, para extender mis manos hacia otros como Dios había hecho conmigo.

Ahora, Dios me susurraba como lo había estado haciendo todo el tiempo, aunque no siempre lo había escuchado:

Te lo mereces.

Cuando llegué al final del pasillo, Nick extendió su brazo y tomó la mano que le ofrecí, sincera y libre, completa y sanada.

«Me alegra mucho que en realidad estés aquí», musitó en mi oído.

Aquellas palabras se han repetido muchas veces en mi mente desde entonces. Y las que pronuncié a mi vez, dirigidas a Nick, son las mismas que les digo a los heridos, las personas con cicatrices que el Gran Médico coloca en el camino de servicio que ha señalado ante de mí: *¡no me perdería esto por nada del mundo!*

capítulo 5
¿Desamor o un gran paso adelante?

Me senté, relajada y feliz, en la silla de la sala de reconocimiento mientras el Dr. Kent, mi ginecólogo, revisaba mi historial. «Estás encinta de doce semanas y seis días, Christine», me reveló por fin. «Decididamente, deberíamos poder escuchar el latido del bebé. ¿Por qué no te recuestas en la camilla y yo voy a buscar el Doppler para hacer una ecografía?».

Cuando salió, dejando la puerta abierta, intenté subirme a la camilla. Con mi metro cincuenta y siete suelo tener que estirarme para alcanzar las cosas, pero esto era ridículo. *¿Por qué hacen estas camillas para mujeres de un metro ochenta?*, me pregunté. *¿Dónde estará mi pértiga para saltar cuando más la necesito?* Pude ver cómo en la sala exterior una mujer hacía esfuerzos por no reírse mientras me observaba. Tras varios intentos y riéndome de lo ridícula que debía verme, acepté mi derrota y utilicé el banquillo a fin de subirme a la camilla. *Algún día*, me dije a mí misma mientras me acostaba, *seré toda una señora. Pero no hoy.*

Entretanto aguardaba el regreso del Dr. Kent, recordé una de las primeras veces que había estado en esa misma camilla, en la misma habitación. Parecía haber sido ayer. *A pesar de ello, ¿sería posible que hubieran transcurrido más de dos años?* Tener un bebé confunde toda sensación de tiempo. *¿Qué ocurrirá a partir de ahora?*, me pregunté. ¡Con qué rapidez había cambiado mi vida luego de tener un hijo! No conseguía recordar cuándo había sido la última vez que pude dormir toda una noche, o terminar una comida, o ver un programa de televisión que no fuera en el canal Nickelodeon Junior para niños. Sin embargo, no cambiaría nada de todo ello. Me encantaba la idea de tener una niña y estaba impaciente por el nacimiento de este bebé. ¡El gozo que Catherine había traído a mi vida estaba a punto de duplicarse! ¡No podía ser más feliz ni sentirme más entusiasmada, pues hoy escucharía el latido del corazón de mi nuevo bebé!

Recuerdo que la primera vez que oí latir el corazoncito de Catherine me sentí desconcertada. Sonaba como si estuviera fuera de control, como caballos galopando. ¡Me asusté muchísimo! «¿Qué ocurre?», le pregunté de modo abrupto al Dr. Kent. «¿Por qué está tan acelerado el corazón del bebé?».

Ese galopante sonido era perfectamente normal, me aseguró él. «Tu bebé está sano».

Al menos ahora sabía qué esperar. A pesar de todo, el sonido sería como escuchar de nuevo un milagro, una vida que crecía en mi vientre. *¡Qué prodigio creó Dios al permitir que las mujeres fueran portadoras de la vida! ¡Qué misterio y qué privilegio!* Las mañanas de náuseas, los tres últimos meses de incomodidad, todo parecía carecer de importancia comparado con ese suceso trascendental: el primer sonido en mis oídos del ser humano vivo que respiraba dentro de mí.

El Dr. Kent regresó a la habitación con un flamante equipo de ecografía Doppler. «Lo recibimos ayer mismo y no puedo esperar para probarlo», me comentó rasgando el envoltorio de plástico. Me preparé mentalmente mientras él aplicaba el frío gel sobre mi estómago. Nunca me gustó esa parte. ¡Ese gel era demasiado helado y pegajoso! Notando mi incomodidad, el Dr. Kent intentó trabajar más deprisa. Comenzó a mover el Doppler de un lugar a otro. Yo esperaba el reconfortante sonido de los caballos al galope. Sabía por experiencia que podía tardar unos minutos hasta que el aparato captara algo, porque el bebé podía estar durmiendo o escondido en un ángulo complicado.

El Dr. Kent parecía muy concentrado. Me moví ligeramente y me fui impacientando. Él movió el instrumento con mayor lentitud y deliberación sobre mi vientre.

Seguro que a este bebé le gusta dormir, pensé. *Sin duda ha de ser un niño, porque en el caso de Catherine pudimos oír su corazón enseguida.* Siempre se estaba moviendo, dando patadas o puñetazos. Sonreí, pero el Dr. Kent parecía aun más concentrado. Siguió moviendo el instrumento con lentitud, en círculos más amplios a través de mi estómago.

Me quedé quieta. No quería perderme ese primer latido.

Por fin se detuvo y me miró directamente a los ojos. «Christine», me comunicó, «no encuentro ningún latido».

ATURDIDA

¿No hay latido? Antes de que pudiera añadir nada, le solté abruptamente: «Entonces es que su flamante Doppler está estropeado. Inténtelo con uno distinto».

No podía leer los pensamientos del Dr. Kent a partir de su expresión cuando llamó a su ayudante pidiéndole que le trajera el viejo equipo. No mostró emoción alguna, parecía sencillamente absorto. Ninguno de nosotros habló mientras aplicó más gel sobre mi estómago y comenzó una nueva búsqueda. Esta vez sentí el gel todavía más helado mientras esperé el sonido de la vida. *Despierta, pequeño. Vamos. Es hora de despertar.*

Tras varios minutos de silencio, el Dr. Kent me pidió que me levantara. «Voy a preparar una ecografía ultrasónica de inmediato», me indicó, y en su voz no había rastro de jovialidad alguna. Levantó el auricular y llamó personalmente a la clínica. Un escalofrío me recorrió cuando lo oí decir: «¿Podría darle prioridad a esto?».

La expresión de su rostro y el tono de su voz me alarmaron. Se trataba de algo grave.

Elevé una oración apresurada desde el fondo de mi corazón: *oh, Dios, por favor, haz que todo marche bien con mi bebé. Permite que solo se trate de algún tipo de confusión. Nos diste este hijo a Nick y a mí. Haz que el ultrasonido demuestre que tan solo está dormido en un ángulo extraño. ¿De acuerdo, Señor? ¡Por favor!*

Salí a toda prisa de la consulta del Dr. Kent y decidí ir a pie hasta la clínica, que estaba tan solo a un par de manzanas de allí. Necesitaba aire fresco, y además podía llamar a Nick en lugar de concentrarme en conducir y encontrar un lugar donde estacionar. Precisaba escuchar su voz, aunque sabía que estaría en medio de un absoluto caos en la oficina.

Como esperaba, su «hola» y su forma paciente de escucharme me calmaron. A toda prisa le conté lo que estaba ocurriendo. «Chris», me contestó con suavidad, «todo va a ir bien. Te harán el ultrasonido y el bebé estará perfectamente. Lamento no estar ahí y pasar por esto contigo. Llámame enseguida con el informe correcto». Oró por nosotros mientras yo llegaba a la clínica y luego nos despedimos.

Respiré profundamente al abrir la puerta. Me sentí reconfortada, amada y tranquilizada con aquella rápida caminata y la oración. *Ha ocurrido un error. Esta prueba lo aclarará todo*, pensé. *El ultrasonido mostrará un bebé perfecto y sano dentro de mi vientre.*

En el mostrador me dieron una tablilla con algunos formularios. Respondí a toda prisa las preguntas, ansiosa de que se llevara a cabo la prueba. *Dios*, volví a orar, *gracias por estar conmigo*. Luego le entregué los papeles a la empleada.

Después de un breve instante una enfermera me acompañó a la sala preparada para los ultrasonidos, donde Jane, la técnico, me pidió que me recostara sobre la camilla mientras ella leía las notas del Dr. Kent, que ya le habían llegado. Cuando levantó la mirada, no pude evitar notar con cuánta deliberación evitaba el contacto visual conmigo.

No saques conclusiones, me dije. *Sencillamente está preocupada con su trabajo. Todo va a salir bien.*

Permanecí inmóvil cuando comenzó el ultrasonido. Movió el aparato de forma lenta y minuciosa por todo mi abdomen, dejándolo enseguida fijo en un punto. Al detenerlo en aquella zona, estudió la pantalla de la computadora con sumo cuidado. Intenté ver lo que observaba, pero no podía reconocer nada, solo una pantalla gris o líneas onduladas y puntos. Ella pasó varios minutos analizando una y otra vez ese punto particular de mi vientre, destacándolo desde muchos ángulos distintos y sin pronunciar palabra en ningún momento. Yo permanecí quieta y en silencio.

Por fin se detuvo. «Señora Caine», me dijo, y me impresionó tanta formalidad después de mi amistosa conversación con el Dr. Kent. «Si se fija en la esquina inferior izquierda de la pantalla podrá ver el feto».

¿Feto? El término siempre me desconcertó. Jamás me referí a Catherine como feto. Tampoco lo hizo el Dr. Kent. *¡Es mi bebé,* quise decir, *no una «cosa», no es algo abstracto! ¡Se trata de una nueva persona en crecimiento!* Sin embargo, en vez de hacerlo, me concentré en lo que ella me estaba explicando.

«Sus informes muestran que está embarazada de casi trece semanas, pero el feto tiene el tamaño de unas ocho semanas. Este ultrasonido indica que el feto dejó de crecer hace casi cinco semanas. No hay señal de latido. Lamento tener que decir que ya no está vivo.

¿Ya no está vivo?

«Está muerto», dijo sin más.

¿Muerto? Sacudí ligeramente la cabeza en señal de descrédito, totalmente aturdida y destrozada. No podía apartar mis ojos de la pantalla. *¿Cómo ha podido suceder?* Nick y yo habíamos orado por este bebé cada día. Creíamos que ese pequeño provenía de Dios, que nos lo daba con un propósito y un destino específicos. Como pensábamos que sería niño, habíamos reducido la lista de los nombres escogidos con entusiasmo y amor hasta quedarnos con nuestros favoritos: Daniel Joseph o Jackson Elliott. *¡Nuestro bebé no podía estar muerto! ¿Acaso no me habría dado cuenta? ¿No quería Dios que esta nueva vida que había dado creciera y lo sirviera? ¿No sabía lo ilusionados que estábamos Nick y yo por tener otro bebé? Dios no dejaría que esto nos ocurriera a nosotros.*

Jane abandonó la sala mientras me abotonaba la falda y me recomponía para marcharme. Sola, pensé en todos los «debería haber», «podría haber» o «tal vez si»: *quizás debería haber planificado tener los hijos antes. A los treinta y siete años es algo tarde. Mientras más edad se tiene mayor es el riesgo. Tal vez podría haber evitado esto si hubiera dejado de viajar. Todos los cambios de horario, comida, clima, agua, así como la falta de descanso, le habrían pasado factura a mi cuerpo. ¿Qué otra cosa podía haber hecho mal? ¿Será una sentencia por algún pecado en mi vida?*

Las preguntas se agolpaban mientras abandonaba aturdida la clínica, llena de decepción y tristeza. Había entrado a la consulta del Dr. Kent aquella mañana llena de vida, esperanza, ilusión y sueños. Pensaba que sería un control rutinario, me marcharía y volvería al trabajo que me gustaba, con Nick.

En aquellos momentos solo quería estar sola. No deseaba hablar con nadie ni explicar nada. Encontré un rincón tranquilo afuera y me senté. Ni siquiera tenía fuerzas para llorar. Jamás se me había ocurrido pensar que no llevaría ese embarazo a buen término.

Durante largo tiempo permanecí sentada allí, a solas, con el corazón destrozado y amargamente decepcionada. Oré: *¿Dios, cómo ha podido suceder esto? ¿Qué se supone que debemos hacer con todos los sueños que Nick y yo tenemos para esta criatura? ¿Por qué nos diste este bebé, solo para llevártelo incluso antes de que pudiéramos tenerlo en nuestros brazos, llamarlo por su nombre, u oír el latido de su corazón, su llanto y su risa? ¿Cómo se lo voy a decir a Nick? ¿Cómo se lo comunicaremos a los demás?*

Nick y yo se lo habíamos anunciado a nuestros amigos y familiares de todo el mundo tan pronto como alcancé la confirmación de las once semanas de gestación. Ahora temía revivir el dolor cada vez que le diera la triste noticia a alguien más.

Habíamos pasado todo un año pensando y orando sobre otro hijo, esperando darle a Catherine un compañero de juegos e imaginando que podría tardar algún tiempo en quedar encinta debido a mi edad. Nos sorprendió gratamente ver que lo habíamos logrado pronto, y la diferencia de edad entre Catherine y nuestro próximo bebé parecía perfecta. Ya habíamos ajustado nuestro programa y los compromisos de trabajo para el año siguiente con el fin de que pudiera dejar de viajar por un tiempo, y hasta habíamos planeado la ubicación del cuarto del bebé en nuestra casa.

Catherine. ¿Cómo se lo diríamos a nuestra dulce y pequeña Catherine? A pesar de su corta edad, había comprendido muy bien que pronto tendría un hermanito o hermanita, y estaba encantada, sumamente entusiasmada. Hablábamos sobre ello todo el tiempo. ¿Cómo iba a entenderlo?

Tenía el corazón destrozado, no solo por mí, sino por Nick, Catherine y todos los que compartían nuestra vida.

EL GRAN PROBLEMA DE LA DECEPCIÓN

La decepción es un lugar triste y terriblemente solitario. Todos aterrizamos allí en algún momento de la vida. Nuestros hijos se mudan y nunca llaman. Los colegas te traicionan. La compañía a la que le has dedicado tus mejores años hace reestructuración de personal y te encuentras en la lista junto con el recién llegado y el holgazán. El hombre al que amas no te corresponde. El hijo perfecto con el que sueñas y al que cuidas durante el embarazo nace con defectos que convertirán tu vida y la de todos los miembros de tu familia en nada menos que un reto. Contraes una enfermedad, o sufres una lesión para la que no hay alivio ni cura. Tus inversiones merman. Los amigos desaparecen. Aquellos por los que has orado a fin de que encuentren a Jesús no lo hallan jamás. Tus sueños se hacen añicos. Los planes mejor trazados se desbaratan. Otros cristianos te fallan. La gente te desilusiona. Incluso te decepcionas a ti mismo.

Cada una de estas situaciones puede acarrear tristeza, desaliento y consternación en tu vida, y algunas te pueden amilanar. La larga serie de decepciones que vas acumulando acaba por impedir que sigas adelante con todo lo bueno que Dios ha planeado para ti, y esto significa que no solo tú te detendrás, sino también todos aquellos que él ha previsto que alcances en el transcurso de tu vida. Después de todo, ¿cómo se puede permanecer atascado en la propia desilusión y ayudar a los demás a salir de la suya? ¿Cómo convencer a otros de lo maravilloso de las promesas de Dios si uno mismo duda de ellas? ¿Cómo compartir la forma en que Dios te ha salvado cuando ni siquiera te sientes salvo?

Tenía que resolver mi propio dolor si esperaba seguir ministrando a otros en el suyo.

Sin embargo, esto iba a ser difícil de superar. ¿Cómo es posible que sepas en tu mente que Dios pretende tu bien y puede redimir cualquier circunstancia, y a pesar de ello seguir sintiéndote inmensamente decepcionado y con un profundo abatimiento? Tu cabeza te dice que Dios es digno de nuestra confianza, pero en un momento de dolorosa desilusión, tu corazón te indica que ni siquiera está ahí.

Después del aborto, no todo fue bien en mi mundo y el de Nick. Si teníamos que superar esto sin amargura de espíritu, debíamos procesar nuestra decepción de una forma saludable. Necesitábamos decidir por nosotros mismos que el valle de muerte que atravesábamos no era (tomando prestada una imagen de *El progreso del peregrino*) la Ciénaga del Desaliento de la que no volveríamos a salir, sino tan solo una sombra, la cual no definiría nuestras vidas. Solo Cristo lo hace.

Con todo, esto no era como perder el trabajo, sufrir un revés económico o que se rompiera el auto. Se trataba de la muerte de un hijo ansiado, al que amábamos mucho aunque nunca tuvimos la oportunidad de sostenerlo en nuestros brazos, besar su cabecita o sentir su respiración en el rostro. Sería muy difícil superar este infortunio.

Si debíamos dejar atrás la descorazonadora decepción de aquel momento, tendría que recordarme a mí misma las cosas sobre Dios que sabía eran ciertas, aunque en esos instantes no pudiera sentirlas como tales. Desconocía muchas cosas, pero aun así decidí aferrarme a lo que sí sabía. Recurrí al único lugar al que podía acudir en un dolor semejante. Fui a la Palabra de Dios.

Permíteme compartir contigo las verdades que me proporcionaron un profundo consuelo y me ayudaron a empezar a aceptar las desilusiones de las que no podemos escapar en la vida.

LAS PROMESAS DE DIOS EN LA DECEPCIÓN

Dios no es injusto, no guarda silencio ni se esconde

Dios sabe cosas que nosotros desconocemos y actúa de una manera que jamás podríamos predecir. Él es infinito, mientras que nosotros tenemos limitaciones. Después de todo, Dios nos recuerda:

Porque mis pensamientos no son los de ustedes, ni sus caminos son los míos —afirma el SEÑOR—. Mis caminos y mis pensamientos son más altos que los de ustedes; ¡más altos que los cielos sobre la tierra! (Isaías 55.8–9).

El libro de Job nos cuenta la historia de un hombre sumamente rico que tras una serie de acontecimientos terroríficos lo pierde todo: sus hijos, su riqueza y hasta la salud. Sentado en medio del polvo, rodeado de hombres que habían venido a ayudarlo a averiguar por qué le había ocurrido todo aquello, Job lamentó sus pérdidas y formula las grandes preguntas existenciales siguientes:

Enumera mis iniquidades y pecados;
hazme ver mis transgresiones y ofensas [...]
¿Dónde queda entonces mi esperanza?
¿Quién ve alguna esperanza para mí? [...]
Aunque grito: «¡Violencia!», no hallo respuesta;
aunque pido ayuda, no se me hace justicia

(Job 13.23; 17.15; 19.7)

Entonces los amigos de Job hablaron y le ofrecieron la sabiduría del mundo, la cual no lo ayudó en absoluto. Finalmente, Dios habló, pero ni siquiera él contestó a sus preguntas. Se limitó a decir que era Dios, el gran YO SOY, todopoderoso y omnisciente, y que Job no tenía razón alguna para cuestionarlo. Job se arrepintió humildemente y Dios escogió restaurar todo lo que había perdido y más.

En ningún momento de toda la historia le pareció necesario a Dios explicarse.

Jamás entenderemos de este lado del cielo por qué nos ocurren cosas malas a nosotros y a aquellos a los que amamos. Tampoco comprenderemos tantas tragedias inexplicables que se abaten sobre este mundo, desde la guerra hasta las hambrunas y los terremotos. Sin embargo, solo porque no las entendamos no significa que debamos dejar de confiar en Dios, que ya ha demostrado una y mil veces su amor por nosotros.

Como creación suya, no tenemos el más mínimo derecho a decirle a Dios cómo ha de expresar ese amor. Sabemos con toda seguridad que sus elecciones no serán las nuestras. Por esta razón, la fe dice con Job: «Aunque él me matare, en él esperaré» (Job 13.15, RVR-60).

¿Acaso Dios es injusto? No, en realidad, las definiciones mismas que hacemos de la justicia se derivan de Dios. ¿Guarda silencio? Muchas veces escoge no hablarnos de forma directa. El salmista habla con frecuencia del silencio de Dios. A pesar de ello, nos ha dado su Palabra, llena de mensajes suyos para nosotros, mensajes de amor y consuelo. ¿Se esconde? Él afirma en Proverbios 8.17: «A los que me buscan, me doy a conocer».

Jesús nos acompaña en nuestra aflicción y nos conduce a algo mejor que tenemos por delante

Lucas 24.13–35 nos habla de dos discípulos que abandonaban Jerusalén después que Jesús fuera sepultado. Iban camino a una ciudad llamada Emaús, desconsolados y amargamente decepcionados. *¿Cómo pudo Dios permitir que esto ocurriera?*, se preguntaban. *¿Qué haremos ahora?* Habían esperado y creído que Jesús era el enviado para redimir a Israel. Sin embargo, aquellas esperanzas se habían hecho trizas del mismo modo en que su cuerpo fue destruido, golpeado, magullado, crucificado y sepultado. Sus sueños habían muerto en la cruz con Jesús. Su obra dirigida a establecer un reino nuevo y mejor parecía acabada, sepultada con Cristo. Todo había sido en vano.

Un hombre se encontró con ellos en el camino y los acompañó mientras hablaban sobre estas cosas. No obstante, estaban tan consternados y destrozados que no le dieron en ningún momento una buena mirada a aquel viajero que iba con ellos. Sus cabezas, al igual que sus corazones, estaban abatidas por la desesperación.

—¿Qué vienen discutiendo por el camino? —preguntó aquel hombre.

Sorprendidos, se detuvieron.

—¿Eres tú el único peregrino en Jerusalén que no se ha enterado de todo lo que ha pasado recientemente? —respondió uno de los viajeros, llamado Cleofas.

—¿Qué es lo que ha pasado? —inquirió el hombre.

—Lo de Jesús de Nazaret. Los jefes de los sacerdotes y nuestros gobernantes lo entregaron para ser condenado a muerte, y lo crucificaron; pero nosotros abrigábamos la esperanza de que era él quien redimiría a Israel. Es más, ya hace tres días que sucedió todo esto.

Entonces, cuando alzaron sus ojos, aquel hombre empezó a explicarles cómo Israel *iba* a ser redimida. Se sabía todas las promesas de Dios de memoria y explicó cómo se cumplirían de un modo que cambiaría al mundo. Un nuevo reino estaba cerca. Los discípulos lo escucharon mientras él caminaba con ellos. Antes de que se dieran cuenta, llegaron a su destino, Emaús. No obstante, el hombre se dispuso a seguir su viaje.

—Quédate con nosotros —le pidieron los discípulos.

Él así lo hizo, y cuando se sentaron a cenar aquella noche, ya a la mesa, «tomó el pan, lo bendijo, lo partió y se lo dio».

¡Jesús! Sus ojos fueron abiertos. Aquel que caminó junto a ellos en su decepción, aquel que les dio esperanza convenciéndolos de que Dios tenía un plan, uno tan grande que ni la crucifixión lo podría detener, uno que en realidad utilizaría la crucifixión misma para redimir al mundo, era el mismísimo Jesús. No solo estaba vivo, sino allí, justo frente a ellos, bendiciéndolos, alimentándolos, caminando con ellos en su más profunda decepción. No los había dejado. No los había abandonado.

¡Cuánto llega a cegarnos la desilusión! A veces, como los discípulos, estamos tan ciegos que no podemos ver a Jesús caminando a nuestro lado en medio del dolor, conduciéndonos a algo mejor más adelante. Él quiere mostrarnos que Dios ha abierto un camino para nosotros que nos lleva más allá de la decepción. Dios tiene grandes planes para nosotros, cosas que hacer, gente que ver, lugares a los que ir.

Cuando nos enfrentamos a la decepción, en vez de regodearnos en ella, podemos orar: *Señor, no comprendo por qué ha ocurrido todo esto. Sin embargo, sé que tú quieres que siga adelante, buscándote, recordando que lo importante es lo que haga con esta desilusión. Ayúdame, como lo hiciste con los que iban camino a Emaús, a entregarte mis recuerdos del pasado y mis esperanzas para el futuro.*

Cristo nos promete que más allá de la decepción hay algo mejor que nos aguarda: una misión que Dios ha diseñado para nosotros, hecha a nuestra medida; algo que no nos lleva a un camino hacia ninguna parte, sino a un destino donde poder alimentar a otros de la misma manera en que él lo ha hecho con nosotros.

«Vayan», les dijo a sus discípulos en Mateo 28.16–20. Vayan por todo el mundo. A pesar de la decepción. Compartan todo lo que les he dicho. «Y les aseguro que estaré con ustedes siempre, hasta el fin del mundo».

De la misma manera que bendijo a los discípulos al final del duro camino a Emaús con el reconfortante regalo del pan recién horneado, lo hace con nosotros para que podamos bendecir a los demás… y después nos invita a acompañarlo por ese camino, buscando a otros que se encuentren abatidos por el dolor y la angustia.

PASOS PARA VENCER LA DECEPCIÓN

Dios sabe cuándo necesitamos alimento y sanidad, descanso y sostén, y nos lo da. En realidad, nos proporciona cinco herramientas importantes para nuestro viaje a fin de que nos respalden y nos ayuden a sostener a otros.

1. El consuelo de la iglesia

Ir a casa es lo mejor que puedes hacer cuando estás sufriendo, y la iglesia es el hogar espiritual del creyente.

El primer domingo después que Nick y yo perdiéramos a nuestro bebé, llevar aquel dolor y aquella decepción a la iglesia parecía algo contrario a nuestra lógica. Sabía que nos veríamos rodeados de amigos creyentes que nos preguntarían con buenas intenciones: «¿Cómo va el embarazo? ¿Cómo está el bebé?». Sentía pavor al pensar en tener que responder a este tipo de preguntas. No obstante, sabíamos que necesitábamos ir a la casa de Dios.

Lo que más recuerdo de ese domingo no es lo terrible que fue contestar las preguntas de las personas sobre el bebé y tener que comunicar las noticias, una vez, y otra, y otra más, sino lo increíblemente amorosa y cálida que fue con nosotros nuestra familia de la iglesia. No tenía ni idea de lo mucho que necesitaba a una comunidad cariñosa que compartiera mi carga, pero Dios sí lo sabía. Por tal motivo, cuando nuestra iglesia se reunió en torno a Nick y a mí en nuestro dolor, fuimos capaces de elevar nuestros ojos por encima de las circunstancias y ver el amor y la misericordia de Dios.

2. El poder existente en la adoración y la alabanza

Jamás olvidaré el momento en que empezamos a cantar aquel domingo «Bendito sea tu nombre», de Matt y Beth Redman.[1] La letra traspasó mi corazón:

> *Bendito sea tu nombre*
> *en el camino marcado por el sufrimiento;*
> *aunque haya dolor en la ofrenda*
> *bendito sea tu nombre...*

Me sentía muy vacía cuando empecé a entonar la canción, pero con cada verso experimenté más y más emoción, y pronto las lágrimas afloraron. El clamor del salmista quebrantó algo en mí, llenando después mi alma vacía. El peso de mi dolor y la carga de sentirme sola se esfumaron; la paz y la confianza en el amor del Señor y su cuidado me inundaron. Las palabras se convirtieron en mi sacrificio, una ofrenda al Señor, que ya había caminado por la senda del sufrimiento antes que yo, y ahora regresaba a ella para encontrarse conmigo allí. Establecí una comunión con Dios, sabiendo que quería bendecirme con «una corona en vez de cenizas, aceite de alegría en vez de luto, traje de fiesta en vez de espíritu de desaliento» (Isaías 61.3). Tuvo lugar un intercambio espiritual: magnifiqué al Señor en lugar de mi decepción. Comencé a recordar sus misericordias más que mi dolor.

3. La fortaleza al escoger el gozo del Señor

El gozo no es lo mismo que la felicidad. Esta última se basa en las circunstancias. El gozo se fundamenta en Dios. La felicidad tiene sus raíces en las emociones positivas. ¿Y a quién no le gusta sentirlas? Por esta razón la procuramos. Sin embargo, el gozo es algo más; es un fruto del Espíritu (véase Gálatas 5.22–23), algo que Dios nos da de forma divina a través del poder de su Espíritu Santo. Nada me hacía feliz con relación al hecho de haber perdido a mi bebé. Ni en el momento en que ocurrió ni ahora. No obstante, Dios se preocupó por mí en aquella circunstancia, y en todas las demás antes de esa y desde entonces. Se ocupó de mí en aquella pérdida y caminó conmigo hasta atravesarla, porque más adelante tenía algo bueno que mostrarme. Esto no es felicidad... pero es gozo.

El gozo no es tan solo una «imitación de la felicidad». Es mucho más. Imagina que la felicidad es el caramelo, el dulce. A todos nos gusta. No obstante, el gozo es como un medicamento. Cuando el corazón está enfermo, cuando el dolor parece insostenible, lo que quieres es la medicina. Los caramelos no acabarán con el dolor.

«El gozo del Señor es mi fortaleza», solemos cantar. Y cuando escogemos servir a Dios, es necesario que lo hagamos haciendo uso de su fortaleza. Esto requiere gozo.

Habacuc 3.17–18 se convirtió en su recordatorio especial para mí: «Aunque la higuera no dé renuevos, ni haya frutos en las vides; aunque falle la cosecha del olivo, y los campos no produzcan alimentos; aunque en el aprisco no haya ovejas, ni ganado alguno en los establos; aun así, yo me regocijaré en el Señor, ¡me alegraré en Dios, mi libertador!».

Había perdido algo precioso, y por tanto todo a mi alrededor parecía muerto. La experiencia fue muy mala. No obstante, Dios es bueno, y como Habacuc puedo regocijarme en eso.

4. La sabiduría de su Palabra

Quizás te preguntes: «¿Cómo puede uno regocijarse cuando tiene el corazón roto y está sufriendo?».

Cuando nos enteramos de que mi bebé había muerto, no hubo forma de escapar del dolor; no se puede evitar la tristeza que uno siente. Sin embargo, sentir la decepción y permanecer estancado en ella son dos cosas distintas. Y el enemigo quiere que te quedes atascado en la desilusión. Ese es uno de los utensilios que lleva en su caja de herramientas y tiene un propósito específico: detenerte.

Dios tiene planes increíbles para ti, y el enemigo quiere evitar que llegues a experimentarlos alguna vez. Dios ha prometido hacer nuevas todas las cosas, y el diablo desea que pierdas la fe en esa promesa divina y en todas las demás.

No obstante, la Palabra de Dios está llena de promesas para nosotros, y cuando la leemos, las recordamos todas. Los salmos, en particular, me ayudaron en medio de mi aflicción, ya que en ellos se encuentran los clamores del corazón más puros y sinceros que se hayan escrito. Su lectura me permitió admitir que un sueño había muerto, una esperanza se había desvanecido y había perdido algo muy precioso. Salmos 61.1–2 fue especial: «Oh Dios, escucha mi clamor y atiende a mi oración. Desde los confines de la tierra te invoco, pues mi corazón desfallece; llévame a una roca donde esté yo a salvo». Tras la pérdida de nuestro bebé me sentí tan agobiada que en algunos momentos ni siquiera sabía cómo orar. De modo que dejé que las palabras de David, que había transitado por este mismo sendero de dolor antes que yo, fueran mi oración y me recordaran que Dios todavía tenía un plan extraordinario y un propósito para mi vida, más allá de mi decepción del momento.

El salmista me convenció de que esta promesa era para esta vida terrenal. «De una cosa estoy seguro: he de ver la bondad del Señor en esta tierra de los vivientes» (Salmos 27.13). Medité en esta idea de día y de noche: vería la bondad del Señor en la tierra de los vivientes, porque unas manos superiores, las de Dios, estaban obrando. Esto me proporcionó esperanza.

Dios tiene un plan y un propósito para mi vida, y también para la de toda persona, más allá de este momento de decepción. No tenemos que resignarnos de forma pasiva ante los problemas de la vida. No hay por qué rendirnos y dejar de luchar por aquello en lo que creemos; siempre hay esperanza, y mientras esta dure, podremos seguir adelante y llevar a otros con nosotros.

5. El amor de la familia y los amigos

Mi querida amiga Kylie fue como Jesús para mí durante mi tiempo de dolor. Me permitió expresarle mi decepción sin regodearme en ella. Me dejó hablar sobre nuestra tragedia familiar, pero alentándome a no obsesionarme con la tristeza. Su estímulo me obligó a seguir mirando hacia adelante, sin enfocarme en lo que había perdido, sino en lo que aún tenía y todo lo que todavía estaba por venir. Ella sabía que existía «un tiempo para llorar, y un tiempo para reír; un tiempo para estar de luto, y un tiempo para saltar de gusto» (Eclesiastés 3.4).

Un amigo te ayudará a seguir adelante en medio de tu decepción, afirmándote en las promesas de Dios. Cuando todo lo que ves es la niebla del dolor, un amigo puede ser útil para despejar el camino, hacerte reír, provocar una sonrisa… y como si de una medicina se tratara, la alegría impulsará tu curación. Un amigo te recordará que, mientras tengas aire en los pulmones, sigue habiendo esperanza: la promesa de un nuevo día. El salmista trae algo a nuestra memoria: «Si por la noche hay llanto, por la mañana habrá gritos de alegría» (Salmos 30.5).

LA DESIGNACIÓN EN LA DECEPCIÓN

Para cada uno de nosotros, como en el caso de los discípulos que caminaron con Jesús sin saberlo en dirección a Emaús, detrás de una decepción nos esperan muchas cosas. Dios ha predestinado designaciones, buenas obras para que las realicemos.

Con frecuencia me he maravillado al observar una y otra vez cómo las decepciones nos arrebatan cosas: un sueño, un trocito de nuestro corazón… y quizás hasta grandes pedazos de él. Sin embargo, también nos dejan algo bueno: un don, una oportunidad, la posibilidad de crear un cambio, de avanzar por el valle de sombra de muerte hasta percibir nuevos horizontes y acompañar a otros por este camino.

Al enemigo le gustaría que sintiéramos una decepción tan profunda que no halláramos jamás nuestro camino de regreso al plan de Dios para nosotros. Con solo convencernos de permanecer estancados en nuestra desilusión, ya estará consiguiendo que nos perdamos muchas de las futuras designaciones divinas. Y algunas decepciones parecen tan enormes que no podemos ni imaginar que seamos capaces de superarlas. Sin embargo, la mejor manera de sobreponerse a un corazón o sueño roto es ayudando a otros a rehacer los suyos. Descubrí que esto era cierto cuando comprobé que el dolor que yo misma había sufrido tras perder a mi bebé me capacitó para ayudar a otras mujeres que pasaban por la misma circunstancia.

Antes de que mi bebé muriera, llevaba años hablando en conferencias de mujeres y había conocido a algunas que habían perdido a un hijo durante el embarazo, pero no eran más que una cifra, una fría estadística. Después de mi aborto, comprendí lo que sentían aquellas mujeres. Mi propia aflicción y mi decepción produjeron una sensación más profunda de compasión por aquellas madres de hijos nonatos. El dolor es real, aunque a veces no se reconozca y parezca invisible, porque la madre no tuvo jamás la oportunidad de sostener al bebé en sus brazos ni escuchar cómo latía su corazón junto al de ella. Ahora, yo también había experimentado esa pérdida no visible, y el dolor había sido penetrante e inolvidable. Jamás volvería a considerar ese dolor impalpable, aunque profundo, de la misma manera. Ya no sería indiferente con respecto al sufrimiento que otra persona sintiera o expresara. Como cualquier otra herida, el dolor requiere tiempo, atención y un buen medicamento para curarse. Eso era lo que Dios me había dado, y yo quería asegurarme de que otras madres desconsoladas también recibieran tiempo, atención y medicación espiritual y emocional.

No todas las madres afligidas pierden a su bebé durante el embarazo, claro está.

Maria es la directora de nuestro programa legal para la Campaña A21 en Grecia. Unos años antes de conocerlos, ella y su esposo Dimitri estaban aturdidos porque habían diagnosticado de cáncer de estómago a su hijo más pequeño, de catorce años. Como fieles siervos de Dios que habían servido durante más de veinte años, Maria y Dimitri, junto con su familia, oraron a Dios con fervor y diligencia, pidiéndole que sanara a Peter. Era un hijo extraordinario, un líder entre los jóvenes que oraba por un avivamiento y una transformación para su generación.

Sin embargo, Peter no iba a recibir la sanidad a este lado de la eternidad.

Se me rompió el corazón cuando escuché la historia de Maria y Dimitri. Tan solo puedo suponer que la pérdida de mi bebé antes de poder sostenerlo en mis brazos me proporcionó un mero vislumbre de la agonía que debieron sentir después de haber visto crecer a su hijo durante catorce años.

Otros no sintieron tanta empatía con ellos, y esto los hizo sufrir aun más. «¿Dónde está su Dios ahora?», se burlaban y preguntaban algunos. «¿Por qué no curó a su hijo si es tan poderoso y bueno? No es un buen Dios. Si lo fuera, ¿por qué se habría llevado a su hijo de catorce años cuando hay tanta gente mala en la tierra?».

¿Por qué?

Para algunas preguntas no existen respuestas lógicas. Cuando muere alguien como Peter, ninguna explicación satisfará las interrogantes que claman en nuestro interior. Como en el caso de Job, nuestras preguntas más hondas no obtienen contestación.

Maria y Dimitri no intentaron responderles. En vez de ello, resolvieron recorrer esa cuesta de la decepción y el dolor con Jesús. El día del funeral de Peter, todavía sumidos en el dolor, la tristeza y el sufrimiento, la familia tomó una decisión. Aunque no entendían por qué había sucedido semejante tragedia, seguirían confiando en Dios. Continuarían creyendo en sus promesas. Buscarían a otros viajeros desconsolados en aquel camino de Emaús y le presentarían a un Salvador que recorrería el camino con ellos.

En el oficio fúnebre proclamaron:

> Hoy es un día triste, pero no es un mal día. El diablo piensa que tiene la victoria porque nuestro hijo ha muerto. Sin embargo, él está vivo con su Jesús, disfrutando de la fiesta en el cielo. El diablo no ha vencido. Hoy no estamos enterrando a nuestro hijo, sino lo estamos sembrando como una semilla en la tierra de esta nación. Creemos que brotará una poderosa cosecha de jóvenes. De una muerte surgirá nueva vida.

Una vez pronunciadas tales palabras, esta familia magullada por el dolor, pero hermosa por sus creencias, permaneció allí de pie, en silencio. Todos los que estaban reunidos alrededor de ellos también callaron. ¿Qué se puede decir ante una fe semejante?

Al enemigo le habría gustado que esta ocasión tan profundamente dolorosa cegara a los allí reunidos. No obstante, en un momento en el que solo cabía esperar angustia, la luz de Jesús en Maria y Dimitri les mostró a aquellas personas que había un camino por delante.

Existe un camino a través de la decepción, uno que está más allá de la sombra del valle de muerte. La desilusión no es un final, sino una oportunidad para la designación divina. Una decepción, o incluso más de una, no significan que todas las buenas obras que Dios ordenó para ti mucho antes de tu nacimiento sean ya imposibles, estén acabadas o derrotadas. Sigues teniendo muchas cosas por delante, *más allá* de la desilusión. Afligida, aunque inconmovible, Maria utilizó la muerte de Peter para impulsarse al siguiente capítulo de las buenas obras para las que Dios la había destinado.

En los días siguientes al funeral, Maria decidió no permitir que las palabras de su familia cayeran en terreno estéril. No había conseguido mantener vivo a su hijo moribundo, pero podía alcanzar a otros cuya vida se había convertido en una especie de muerte. Cuando se enteró del tráfico humano en su propio país, comenzó a transitar los valles oscuros y los caminos difíciles para hallar a los que sufrían, los afligidos, los que estaban profundamente decepcionados con la vida.

Dejó a un lado sus sueños de ser una simple madre amorosa para sus propios hijos y servir silenciosamente en su propia iglesia, escogiendo convertirse en un puente hacia el camino de Emaús. Sabía que algunas personas solo encuentran ese sendero a través de otro, de alguien que ha enterrado sus sueños rotos junto a él y ha sembrado los pedazos de su propio corazón quebrantado. Y luego confió en que Jesús produciría la cosecha.

Desde la muerte de Peter, Maria se ha encargado de restaurar la vida de cientos de muchachas en Grecia, rescatadas del tráfico humano. Ha sido el puente sobre un océano inimaginable de dolor. Perdió a un hijo que se llevó consigo una parte inmensa de su corazón. Sin embargo, esa pérdida se convirtió en el aliento y el corazón de su campaña para ayudar a otros.

He conversado con ella muchas veces en cuanto a andar por ese camino de Emaús. Hemos debatido cómo la desilusión nos llevó a lugares que superaban todo lo imaginable, sitios difíciles donde habría resultado fácil estancarse, pero en vez de ello, Cristo corrió para encontrarse con nosotros allí. ¡Le hemos dado infinitas gracias por conducirnos a entornos donde podemos compartir el dolor de los demás y ofrecerles la gracia a cambio! En todas las ocasiones nos hemos maravillado al ver cómo Cristo nos rompe como al pan y distribuye los pedazos de nosotros a más gente: cinco mil, diez mil... y más. Él siempre acude corriendo para encontrarse con nosotros o acompañarnos por los valles.

Aunque no lo pueda ver, escucho el hermoso galope del corazón de Dios latiendo por la humanidad.

parte 3

DIOS CONOCE MI
MIEDO

capítulo 6

Amor y miedo

«**S**eñoras y señores, no hay necesidad de que cunda el pánico».

¿Pánico? Me había sentido bien hasta que el capitán de nuestro vuelo hizo este anuncio. Nick y yo apenas nos habíamos puesto cómodos en un vuelo de Chicago a Raleigh, Carolina del Norte, cuando el comandante pronunció la temida palabra. Desde luego, eso no es lo que quieres escuchar a treinta mil pies de altura.

Llevábamos tan solo veinte minutos en el aire y nada parecía fuera de lo normal. Aun así, la simple mención de la palabra lo cambió todo. Mi corazón se aceleró. A mi alrededor, todos los pasajeros reprimieron un grito ahogado, seguido por un silencio espeluznante, mientras esperábamos que el capitán prosiguiera.

«Estamos teniendo problemas para retraer el tren de aterrizaje», anunció. «En lugar de continuar hasta Raleigh, tendremos que dar la vuelta e intentar aterrizar en Chicago».

¿Intentar? Esta es otra de las palabras que nunca quieres escuchar cuando estás en el aire. Tragué en seco mientras observaba cómo el miedo se propagaba por los pasillos. Algunos pasajeros empezaron a inclinar la cabeza y oraron en voz audible. Otros empezaron a llorar. Los pulsadores para llamar a la azafata alumbraban el avión

como un árbol de Navidad a medida que las personas pedían algo más de información.

Pude oír cómo una mujer le preguntaba a su marido: «¿Nos vamos a estrellar y morir?».

Unos cuantos años antes, hubiera sido una de las dominadas por el pánico. En realidad, tal vez sería la persona más angustiada a bordo. Sin embargo, en ese momento, aunque mi corazón latía indudablemente más rápido y podía sentir cómo pasaba a un estado de alerta, no me aferraba a los apoyabrazos del asiento ni me reclinaba contra el respaldo, perdiendo la razón y la confianza. Deslicé mi mano en la de Nick, agradecida por su actitud calmada en todo momento.

Como era de esperar, empezó a orar por nosotros en voz baja, sin miedo, como si estuviera pidiendo una bendición a la hora de comer o dándole gracias a Dios por el hermoso día. Encomendó al piloto, los pasajeros y la seguridad del aterrizaje al Señor. Luego se inclinó hacia mí y me susurró al oído: «Estaremos bien, Chris. Dios no nos ha traído hasta aquí para que todo acabe así. Él está con nosotros y nos protege. No tienes por qué asustarte». Dicho esto, apretó mi mano, reclinó su asiento y cerró los ojos. En pocos minutos, lo creas o no, dio la más absoluta impresión de haber sucumbido al sueño.

Aunque no podía imitar la completa calma de Nick, la disfruté. Cuando no se permite que el miedo domine el corazón, algo poderoso se transmite de una persona a otra. *De cualquier modo*, pensé, *esto es muy típico de Nick. Mientras todos los demás están aterrorizados, él se reclina muy tranquilo, con una confianza tan sólida como una roca en la bondad y la protección de Dios, y espera en él.* Nick ha sido así desde que lo conozco, capaz de vivir la instrucción que Pablo les da a los filipenses: «No se inquieten por nada; más bien, en toda ocasión, con oración y ruego, presenten sus peticiones a Dios y denle gracias. Y la paz de Dios, que sobrepasa todo entendimiento, cuidará sus corazones y sus pensamientos en Cristo Jesús» (Filipenses 4.6–7). Me sentía agradecida por la tranquila fuerza y la confianza de Nick, y le di gracias a Dios por ello, queriendo más de esa misma actitud para mí.

Soy, por naturaleza, diametralmente opuesta. Dejada a mi libre albedrío, si hubiera tenido que escribirles a los filipenses, lo más probable es que hubiera comenzado así: «Inquiétense por todo», ya que lucho hasta para entregarle simplemente mis preocupaciones al Señor. Para mí, confiar de una forma completa e incuestionable no es nada sencillo, y he peleado con Dios al respecto durante gran parte de mi vida. Incluso ahora, tras décadas de ver cómo Dios no nos deja ni nos abandona jamás y que todas las cosas ayudan para bien, me sorprendo teniendo que escoger conscientemente confiar, y tengo que recordarme a mí misma que él está conmigo siempre, aun en situaciones como esas en las que por cierto el peligro es real e innegable.

Sin embargo, en ese tenso y silencioso avión, no estaba luchando. Los pasajeros no tenían elección. No podían hacer otra cosa que esperar, tener confianza y orar que aterrizáramos sin problemas en Chicago. Me uní a ellos en alerta máxima, pero sin sentirme aterrorizada; vigilante, pero sin agobiarme. Permanecí calmada, sentada junto a Nick, que continuaba apaciblemente reclinado con los ojos cerrados. Miré por la ventanilla y vi el hermoso y limpio cielo de la noche, alumbrado por las estrellas y las diminutas luces de las alas del avión, y oré. También pude sonreír para mí misma.

¡Dios, cuánto han cambiado las cosas!, pensé dándole las gracias.

ADONDE TE CONDUCE EL MIEDO

Solía ser una de esas personas que solo se suben a un avión si no hay otra opción. Si podía ir a cualquier lugar en coche, autobús, tren, bicicleta, motocicleta o a pie, lo haría… cualquier cosa por evitar embarcarme en una gran masa de metal de la que se espera, contra toda lógica, que se sostenga en el aire. Dentro de un avión, cualquier turbulencia hacía que mi mente se transportara a los peores escenarios posibles, que siempre acababan con los motores detenidos en pleno vuelo y el avión saliéndose del radar para desaparecer en algún lugar del océano o estallar en llamas. Las posibilidades me aterrorizaban.

Como mi trabajo requería que fuera de un extremo del globo a otro, este miedo era un verdadero problema. Había orado que Dios me llevara a cualquier lugar donde necesitaran oír las buenas nuevas de la gracia, y él estaba honrando mi plegaria. Abrió puertas por todo el país y alrededor del mundo a fin de que hablara. Sabía que él me había llamado a eso. Así que debía llegar a aquellos lugares de alguna manera.

Responder a ese llamado significaba que debía franquear las puertas que Dios abriera. Y como vivía en Australia, la tierra de allá abajo, salir de allí para ir a cualquier otro lugar del mundo implicaba, lisa y llanamente, volar.

Solo que para mí no era algo tan sencillo. Le había dicho que *sí* a Dios, pero si debía cumplir aquel compromiso, él tendría que obrar en mí. Volar ponía a prueba mi mente, mi cuerpo y mi espíritu. Me sentaba muy erguida, con las manos sobre los apoyabrazos, aferrada a ellos durante todo el viaje. La mayoría de los trayectos eran largos debido a lo lejos que Australia se halla de todas partes, pero para mí no solo eran extensos, sino interminables y agotadores. Me provocaban una fatiga intensa. Llegaba a mi destino angustiada y frenada por el miedo, un estado que difícilmente se espera en un orador invitado.

En realidad, mi terror y mi angustia empezaban una semana antes del viaje. Me bañaba en sudor con el simple pensamiento de subir al avión. El corazón se me aceleraba y mi pecho se oprimía. Tenía que obligarme a pensar en otras cosas.

La situación no mejoraba después de aterrizar. Al salir del avión y entrar en la terminal del aeropuerto, mis piernas eran como gelatina y me sentía desorientada. Recuerdo una ocasión en la que intenté mantener una conversación con la persona que vino a recogerme, pero seguía tan alterada por el vuelo que apenas podía pronunciar una frase coherente. Estoy segura de que dieron por hecho que era consecuencia del desfase de horario, pero esa constituía la menor de las razones para estar exhausta.

Finalmente, al regresar de un viaje muy agotada por la energía emocional y física que me exigía la lucha contra mis miedos, decidí que esto tenía que terminar. Le dije a Dios que aunque quería ir y ayudar a las personas, ya no podía enfrentarme más a la presión ni soportar el proceso de subirme a un avión. Me limitaría a desplazarme a aquellos lugares a los que pudiera viajar en auto. *Quiero ir, Señor, mientras que el transporte sea por tierra, dentro de mi zona cómoda. Iré a cualquier lugar por ti siempre y cuando no tenga que volar.*

Siempre y cuando…

¿Te imaginas? Le estaba hablando a Dios de esta forma, a aquel que lo dejó todo en el cielo para venir hasta nosotros, que nos pidió que fuéramos e hiciéramos lo mismo. *Iré*, dije. *Puedo hacerlo. Iré, siempre y cuando…*

El miedo te paraliza

Todos le tememos a algo. A los atracadores que se ocultan en los callejones oscuros. A extraviar tu cartera, o lo que es todavía peor, a perder el trabajo quedándote sin un centavo. A los accidentes de automóvil o avión. A las mordeduras de los animales feroces. A la picadura de un insecto venenoso. A hacer el ridículo cuando estás hablando en público y te interrumpen. Al rechazo o la falta de interés a la hora de conocer a otras personas. A perder un hijo. A que te abandone el ser amado.

Algunos de nosotros le tememos al fracaso. Otros le tienen miedo al éxito. «¿Qué pasa si me arriesgo y fallo?», decimos. O nos preguntamos: «¿Y si el negocio crece demasiado rápido y no puedo cumplir, o si mis clientes ven lo poco que sé en realidad, o lo inexperto que soy?». Por encima de todas las cosas, el factor más potente que nos hace amilanarnos es el miedo.

Algunos le temen a lo racional, como el miedo sano a caminar sobre la cuerda floja por encima de un cañón, donde las posibilidades de lesión o muerte son inaceptablemente altas. Otros temores no son tan racionales, como el mío: verme en un espacio demasiado pequeño o estrecho, o estar encerrada. No me hace ningún bien asegurarme de forma racional que solo porque el espacio sea reducido, no significa que los muros se vayan a derrumbar a mi alrededor y asfixiarme. Algunos miedos son sutiles, una aprensión general, o una inquietud, mientras que otros son dramáticos como el pavor y el terror.

Cuando somos pequeños, podemos tener miedo de bestias imaginarias en la oscuridad o dentro del armario. Los monstruos invisibles, pero tan reales, de la enfermedad y la muerte pueden ser las cosas a las que los adultos les temen, o a que los secretos sean expuestos a la luz. Ya sea que se domine el temor o que este nos venza, que el peligro sea racional o irracional, real o imaginario, a todas las edades el miedo siempre nos inmoviliza e intenta detenernos, hacernos tropezar y mantener nuestra vida en espera. Algunas veces, con solo pensar en nuestros miedos, todo se paraliza.

El miedo hace que te pierdas lo mejor de la vida

Cuando permites que el miedo te dicte cómo pasar tus días, accedes a que la vida transcurra sin más ni más.

No puedes subir a una colina empinada para ver una hermosa puesta de sol, porque le temes a las alturas. Te resulta imposible ir a la fiesta, porque les tienes fobia a las multitudes. No te unes a ese estudio bíblico por miedo a tener que leer en voz alta luego de que se mofaran de ti hace muchos años en la escuela. Te retraes por temor a que ridiculicen tu estatura. Luchas contra la comida ya que tienes miedo de ganar peso. No sales con nadie por temor a que te rechacen. Las arañas y los insectos te aterrorizan tanto que nunca te has atrevido a cavar en la tierra y plantar esas verduras o flores del jardín de tus sueños. Estás de acuerdo con esa decisión en el trabajo en la que no crees, no vaya a ser que manifestarte en contra te haga ganar enemistades entre el equipo o te impida un ascenso. Evitas los compromisos fuera de tu casa por miedo a que si no estás con tu hijo adolescente todo el tiempo, pueda involucrarse en el grupo incorrecto. Te casas con la primera persona que te lo pide por temor a que nadie más te lo proponga. Te acuestas con alguien sin estar casada con él, porque temes que si no lo haces, te abandonará y te quedarás sola.

Cuando dejas que el miedo gobierne tu vida, te cierras a todo lo que pueda herir, tener un costo o hacerte sentir incómoda, incluidas las oportunidades de servir a Dios y reclamar sus promesas.

Dios te llama a servirle con lo que tengas y tal como eres, pero a causa del temor al rechazo, la persona sin hogar que está en la calle nunca recibe la esperanza que fuiste creado para dar. No te permites considerar el viaje misionero en el que te gustaría participar, ya que le temes a lo desconocido en una tierra lejana. La víctima del tráfico humano permanece esclava y nunca experimenta la libertad que podrías haber hecho posible. Tu vecino muere a solas, sin recibir jamás tu visita. En el entrenamiento de fútbol de tu hijo hay una madre que sigue bebiendo cada noche, pues no tiene con quién hablar de sus problemas matrimoniales.

Languideces solo y quebrantado, frustrado, sin experimentar en ningún momento aquello para lo que solo tú fuiste creado sencillamente por culpa del miedo.

«El ladrón no viene más que a robar, matar y destruir» (Juan 10.10). El miedo es un ladrón de este tipo. Sin embargo, Jesús siguió prometiendo: «Yo he venido para que tengan vida, y la tengan en abundancia».

En abundancia.

AMA LO SUFICIENTE PARA CREER

«¿Me amas?», le preguntó Jesús a Pedro (Juan 21.17, RVR-60). En realidad, esta es una pregunta para cada uno de nosotros.

Si me amas, estaba diciendo, *mírame a mí* (Mateo 14.22–33). *Mantén tus ojos en mí.*

Si me amas, sígueme (Mateo 16.24).

Si me amas, ve y haz tú lo mismo (Lucas 10.37).

Se me amas, apacienta mis ovejas (Juan 21.15–17). *Apacienta mis corderos.*

Durante años anhelé ser liberada de mis miedos, pero quería algo más que las simples instrucciones del Señor de mantener mis ojos en él. En vez de ello, oraba fervientemente que quitara mis temores, sobre todo mi miedo a volar. Le exigí: «¿Por qué no me quitas este temor? ¡Después de todo, si subo a un avión es por ti!».

Y el Señor, en su tierna misericordia, me envió de vuelta a su Palabra. «Dios no nos ha dado un espíritu de timidez, sino de poder, de amor y de dominio propio» (2 Timoteo 1.7). Él sabe que el miedo no nos hará atravesar el peligro. Sin embargo, el amor sí, y el sano juicio también, y el valor. Después de todo, la valentía no es la ausencia de temor. Es la voluntad de perseverar incluso frente a él. El poder de Dios mora en nosotros, pero no siempre confiamos en ello, porque no lo podemos ver. Lo que sí *percibimos* son los peligros, como tal vez al estar a gran altura del suelo, o mirar fijamente el rostro frío de un enemigo. De modo que dudamos... y dejamos que el temor se apodere de nosotros.

Cuando Jesús pregunta: *¿me amas?*, también está diciendo: *entonces, mantén tus ojos fijos en mí. Sigue creyendo en la obra para la que te he creado. Vuelca tu miedo en mí y aférrate fuerte a tu fe en Dios. Sustituye ese temor —un temor que yo no te he dado— por el amor, el poder y el sano juicio que sí te he proporcionado. Ten claro que mi presencia es el antídoto para tu miedo.*

Él sabía que nos asustaríamos, que dudaríamos. Por ello nos reconforta una y otra vez en la Biblia, diciéndonos: «No teman». Pronuncia estas palabras trescientas cincuenta veces. No teman. No teman. No teman. No teman. Cuando los ángeles se les aparecieron a distintos personajes bíblicos, lo primero que salía de sus bocas solía ser: «No temas».

Es como la madre que por instinto extiende sus brazos hacia su hijo que llora en la tormenta, abrazando ese corazón tembloroso y calmándolo sin cesar: «Todo está bien. Estoy aquí contigo. No te asustes».

Esto me recuerda la ocasión en que Nick y yo llevamos a las niñas a un parque de atracciones. Estaban muy entusiasmadas, y lo que más ilusionaba a Catherine era lanzarse en el trampolín gigante, uno de esos en los que te aseguran con un arnés y luego das saltos por el aire, te elevas, giras, das vueltas y haces piruetas como si fueras un acróbata de circo.

Catherine irradiaba felicidad cuando el operador fijó su arnés y empezó a elevar el cable. Todos observamos cómo la izaba y la soltaba para que rebotara sobre el trampolín, ganando cada vez más altura. Nos reímos mientras chillaba entre volteretas y acrobacias por los aires.

Sophia apenas podía contenerse. Saltó y nos rogó que le

permitiéramos intentarlo. Estaba emocionada, aunque de puntillas apenas alcanzaba la estatura mínima permitida.

Confiada y absolutamente expectante, se sentó mientras el encargado de la atracción afianzaba las correas, comprobando la hebilla para verificar su seguridad. Luego accionó el interruptor a fin de elevarla. Por primera vez, Sophia observó sus pies, y después el suelo que se hacía más y más pequeño a su vista a medida que ascendía por el aire. Con cada centímetro que subía, allí sola en aquel asiento, la confianza de mi pequeña se fue desvaneciendo visiblemente. Permaneció inmóvil, con su labio inferior temblando y su rostro deformado por un profundo fruncimiento de ceño. Yo ya sabía lo que se avecinaba.

Aunque estaba muy por encima de mi cabeza, podía ver cómo las lágrimas inundaban sus ojos. Llegó un momento en que no pudo ya controlarlas. Cuando le fue imposible retenerlas por más tiempo, lloró de miedo.

Salté la barrera y me puse directamente debajo de ella, junto al trampolín. «¡Sophia!», grité. «Mira a los ojos de mamá. No apartes tus ojos de mami y estarás bien. ¡Puedes hacerlo! Eres una niña grande. ¡Te va a encantar!».

Sophia me miró fijamente y un cambio instantáneo se produjo en su carita cuando vio mi sonrisa. Se relajó y hasta empezó a reír cuando el asiento de seguridad la llevó a mayor altura.

«Ahora vas a rebotar», le grité. «Va a ser divertido. ¡Ahora!».

El operario soltó el cable. Ella rebotó y rebotó, sin dejar de mirarme, y su sonrisa se hizo más amplia.

«¿Puedes dar la vuelta?», le pregunté. «¿Puedes hacer piruetas?».

Ella lo intentó y saltó más alto mientras reía. En un par de rebotes más se encontraba saltando a mayor altura que su hermana, porque ya no tenía miedo. Estaba asumiendo riesgos inmensos y disfrutaba al ver dónde la llevaban. Sabía que yo estaba allí con ella, y que la apoyaría en espíritu hasta el final; mientras tanto, era libre y volaba tan alto como nunca lo habría imaginado momentos antes.

Esta es una maravillosa ilustración de cómo Dios obra en nosotros: afronta un temor y asume el riesgo. Él está ahí con nosotros, antes, durante y después.

Promete ser nuestra luz en la oscuridad y nuestra fuerza (Salmos 21.1; 27.1).

Nos recuerda que no desmayemos, porque él nos ayudará y nos sostendrá (Isaías 41.10).

Nos alienta a cobrar ánimo, porque nunca nos dejará ni nos desamparará (Deuteronomio 31.6).

Nos exhorta a ser fuertes y valientes (Josué 1.6).

Nos libra de nuestros problemas, dudas y temores para que podamos probar y ver su bondad (Salmos 34).

Así que podemos probar y ver.

El poder de Dios *no* es invisible. Es real. Constituye una fuerza innegable, y vive en nosotros. Al fijar nuestros ojos en él, percibimos su amor, probamos su poder y este nos alimenta. Nos ayuda a crecer más fuertes, tanto que en realidad, como Sophia, hallamos hasta el último ápice de fuerza necesario para volar alto, por encima y más allá de cualquier temor que nos frene.

Cuando mantenemos nuestros ojos fijos en Dios, él nos libera de las restricciones que de otro modo nos atan por temor. Ya no estamos limitados ni atrapados. Somos libres. Nuestro mundo y nuestra vida se amplían y las posibilidades de lo milagroso aumentan. Logramos lo imposible al enfocarnos en el Dios con el que todo es posible. Se nos capacita para alcanzar y rescatar a las personas que han caído por las grietas de la sociedad. Rescatamos a esclavos que de otro modo permanecerían cautivos. Ayudamos a los derrotados que de lo contrario languidecerían. Hallamos a los perdidos. Traemos sanidad a los dañados y los enfermos. Abrimos los ojos de los ciegos. Vamos a lugares que nunca imaginamos sin hundirnos y sin que nuestros propios miedos nos detengan.

CONVIRTAMOS LA TORMENTA EN UN JUEGO

Para nuestra hija mayor, Catherine, que por entonces tenía cinco años, la tormenta cayó sobre nosotros como un monstruo surgido de la nada. Se había quedado dormida nada más comenzar nuestro largo viaje por carretera de regreso a casa, mientras la luz del sol entraba por las ventanas. Después de dormir durante una gran parte del trayecto, despertó para observar que afuera del auto el tiempo había desatado toda su furia.

El cielo gris se había oscurecido y la fuerte lluvia se convirtió en una tormenta de granizo en el momento justo en que llegamos a casa. Nick agarró nuestras bolsas y yo a las niñas, y entramos con ellas a toda prisa. Acabábamos de franquear la puerta cuando la tormenta alcanzó nuevas y temibles proporciones. Detrás de nosotros, el granizo golpeaba y aporreaba el auto, abollando el capó y el techo. Las ventanas crujían y pudimos ver cómo se rompían los cristales de automóviles y casas por toda la calle. Las tejas empezaron a hacerse añicos y cayeron al suelo. El agua salpicaba con violencia en las piscinas de los patios traseros y sobre las vallas. Los truenos interrumpían el golpeteo incesante del granizo. Un rayo cayó en un árbol que se quebró y luego el viento huracanado lo hizo caer sobre el tejado de la casa detrás de la nuestra; otro más se derrumbó en el camino de entrada del vecino.

Sophia, nuestra bebé, durmió todo el tiempo. Sin embargo, Catherine, aterrorizada, empezó a gritar y llorar. Incluso después de que la granizada cesara no hubo forma de consolarla. Lloró y gritó hasta que por fin, extenuada, se sumió en un sueño inquieto.

Esperaba que se despertara en paz y que su temor interno pasara como el granizo en el exterior. No obstante, me equivoqué.

A la mañana siguiente se levantó preguntando si volvería a llover y granizar. Se pasó el día comprobando el exterior con preocupación a través de la ventana, intentando evaluar el tiempo. Durante los días siguientes, no cesó de preguntarnos a Nick y a mí, hasta cinco veces por la mañana o la tarde, si llovería de nuevo. En cada ocasión que teníamos que ir en auto a cualquier sitio se obsesionaba con el tiempo. Si empezaba a llover mientras conducíamos, se echaba a llorar. Si nos encontrábamos en casa al comenzar la lluvia, corría a su habitación y cerraba las cortinas. Cuando existía el más mínimo indicio de un cielo gris, no salía a jugar con sus amigos.

El miedo de Catherine a las tormentas era tan fuerte que estaba dispuesta a cambiar cualquier cosa en su vida con tal de evitarlas.

Supe que debía intervenir. Ella no podía vivir toda su vida temiéndole a la lluvia, porque una cosa de la que podemos estar seguros es que lloverá. Habrá tormentas. Esconderse de ellas o procurar evitarlas no las detendrá. Catherine solo podría apartarse de las tormentas aislándose de la vida.

La ironía del asunto no pasó desapercibida para mí. ¡Me he pasado gran parte de mi vida negándome a experimentarla de una forma plena por mi temor a volar! Con todo, evitar mis miedos no me ha inmunizado contra el peligro; este llegó de todos modos, incluso mientras descargábamos el auto y entrábamos a la casa. El peligro llega independientemente de lo mucho que intentemos mantenerlo a raya. Procurar vivir una vida segura y controlada no lo detiene. No puedes escapar al temor, porque siempre te alcanzará. Lo único que se puede hacer es enfrentarse a él de lleno, no sea que su raíz se convierta en una mala hierba de gran tamaño que se apodere de tu vida. Más bien, podemos disipar el miedo con la presencia de Dios.

Catherine no habría consentido en soportar una intervención, ¿pero quién lo hubiera hecho? Sabía que mi hija le temía tanto a las tormentas que estaba dispuesta a abandonar muchas cosas que amaba, oportunidades de diversión, amigos, actividades. Si no vencía su temor a un poco de lluvia, incluso las tormentas más leves la abrumarían a medida que fuera creciendo, y con ellas su miedo. El temor llegaría a paralizarla.

De modo que no hablamos sobre ello. El siguiente día de lluvia la agarré y la saqué al exterior. Al principio lloró, pero insistí en convertir aquello en un juego. Empecé a saltar y a pisar fuerte los charcos. Me reí mirando al cielo. Disfruté bajo la lluvia. Sorprendida por mi entusiasmo y mi ausencia de miedo, Catherine dejó de llorar y empezó a reír. Enseguida se unió a mí y juntas brincamos en los charcos.

Ahora no consigo mantener a Catherine dentro de casa cuando llueve. Agarra a su hermana, se calzan sus botas de goma, y corren hasta los charcos y comienzan a salpicar.

Aquello que tanto la asustaba se ha convertido en motivo de un juego.

INCENTIVADO PARA IR ADONDE NUNCA IMAGINASTE

En Mateo 14.22–33, cuando la tormenta sorprendió a Pedro, un pescador acostumbrado a las aguas agitadas, se tuvo que enfrentar a la elección de abandonarse al miedo o dar un paso de fe. Sabía cómo enfrentar la tormenta. ¡Prácticamente vivía en el agua! Sin embargo, también conocía sus limitaciones. Todos sus temores susurraban en su cabeza, así como también en la de sus compañeros. *Los vientos son demasiado violentos, las olas demasiado altas, el barco demasiado frágil en este temporal.* Todos los que estaban en el barco empezaron a acobardarse llenos de miedo, enfocándose por completo en los peligros de la tormenta.

Justo cuando Pedro estaba a punto de rendirse, miró al agua y vio…

¿A Jesús?

Sí, Jesús. ¡Caminando sobre el mar, atravesando la tormenta! Él llamó a Pedro para que también saliera a la tormenta, bajara del barco al agua, enfrentara el peligro y se librara del miedo, dando un paso de fe.

¡Y Pedro quería hacerlo!

«Ven», lo alentó Jesús (Mateo 14.29).

Así que, creyendo que con Jesús uno puede hacer cualquier cosa, Pedro dio ese paso de fe con los ojos fijos en el Señor. Un paso… y de repente estaba caminando a través de la tormenta, inconmovible por el peligro, incluso desafiándolo, haciendo algo milagroso.

Entonces, una ráfaga de viento especialmente grande lo azotó, la espuma salpicó su rostro, y su atención volvió a enfocarse en la tormenta. *Las olas son demasiado altas*, debió pensar, *el viento es demasiado violento, Jesús está demasiado lejos…*

No obstante, la visión de Pedro estaba nublada por la tormenta. Su vista lo estaba engañando. Jesús nunca estuvo lejos. Se encontraba junto a él en el temporal, justo allí donde soplaban los mayores vendavales.

«En seguida Jesús le tendió la mano y, sujetándolo, lo reprendió», dice la Biblia. «¡Hombre de poca fe! ¿Por qué dudaste?», le dijo (Mateo 14.31).

¿Por qué *dudamos*?

Jesús nos hace señas para que vayamos. Si permanecemos enfocados en él, seremos capaces de ir a dondequiera que nos pida y hacer cualquier cosa que se nos requiera. Si apartamos nuestros ojos de él y contemplamos la tormenta, el peligro, indudablemente nos hundiremos. Jamás acudiremos a los millones de personas atrapadas en la oscuridad del tráfico humano, a los que no tienen agua, a los que sufren abusos, enfermedades, hambruna, injusticia, soledad o desesperanza.

Es posible que tengamos que caminar sobre las aguas a fin de alcanzarlos.

El miedo y la fe no pueden coexistir. Al enfrentarme a mis propias limitaciones y temores, ¿creería en la verdad de Dios o en las mentiras del enemigo reflejadas en mis propias emociones? ¿Escogería el miedo al mundo o la fe en aquel que lo ha vencido?

Elige confiar en el Creador del universo, aquel que puso en su lugar la luna, colocó las estrellas y extendió el cielo.

«Vayan», nos dice…

«…y hagan discípulos de todas las naciones, bautizándolos en el nombre del Padre y del Hijo y del Espíritu Santo, enseñándoles a obedecer todo lo que les he mandado a ustedes».

Y después les da la promesa que hace todo posible, que también permite que podamos vivir inconmovibles: «Y les aseguro que estaré con ustedes siempre, hasta el fin del mundo» (Mateo 28.19–20).

Él no nos pide que vayamos *siempre y cuando*, o *si*, o *después* que elimine todo peligro y te libre de todo temor. Nos requiere que lo hagamos *a pesar de*, *aunque* y *de todos modos*. Sencillamente nos dice: *cree. Ve conmigo.*

Él me ha estado diciendo esto toda mi vida, proporcionándome el valor para mirar al miedo de frente y atreverme a ir a donde él me está llamado a ir.

Cuando quise asistir al instituto bíblico, pero temía que me pusieran de patitas en la calle cuando los profesores descubrieran lo poco que sabía realmente, Jesús me preguntó: *¿irás conmigo?*

«Sí, Señor», le respondí. «Iré de todos modos, porque quiero conocerte mejor, comprender tu Palabra y transmitir las Buenas Nuevas».

Cuando me asustaba casarme, ya que habían destrozado mi confianza y estaba cubierta de tejido cicatrizal, me preguntó: *¿pero, Chris, irás conmigo?*

«Sí, Señor», contesté. «Iré, aunque tengo miedo de que me vuelvan a hacer daño y estoy lastimada por heridas anteriores, pues no quiero perderme las relaciones que estableciste para mí o el amor que me está aguardando».

Cuando Dios empezó a abrirme puertas para hablarles a los adolescentes de la escuela secundaria, me sentí aterrorizada. *¿Qué pasará si me ridiculizan, me interrumpen o sencillamente se niegan a escucharme?* No obstante, Jesús preguntó sencillamente: *¿Irás conmigo?*

«Sí, Señor. Iré aunque quizás no me escuchen, porque es posible que al menos una sola alma se sienta tocada y transformada. Por ella merecerá la pena».

Y cuando me proporcionó oportunidades a fin de hablar de él por todo el mundo (y no desplazándome en un barco lento, sino en uno de los jets que me aterrorizaban), me preguntó una vez más: *¿irás conmigo?*

Y como en todas las demás cosas que me ha pedido que haga, supe que siempre tenía una elección. Jesús siempre nos da a elegir. Podía escoger permitir que mis temores me gobernaran. O creer que el Dios que hizo los cielos y me había llamado a esta tarea era indetenible y no se asustaba de la gravedad que él mismo había creado. Si quería que yo cruzara el globo para ser sus manos y pies a fin de llegar hasta uno de los perdidos y solitarios, a alguien quebrantado en una zanja y esperando a un samaritano, podría mantener el avión en el aire.

INCONMOVIBLE, ALCANZAS TU DESTINO

Ese poder, el de la presencia de Jesús, es lo que me mantuvo calmada en mi asiento durante aquel vuelo de Chicago a Carolina del Norte, en el cual el tren de aterrizaje averiado ofrecía el peligro de estrellarnos al aterrizar. Cuando el capitán anunció que volvíamos a aproximarnos al aeropuerto O'Hare y nos dio las instrucciones pertinentes de cómo debíamos prepararnos, observé que las personas a mi alrededor se preparaban para lo peor. Se aferraban a los apoyabrazos de sus asientos, o a la mano o el brazo de la persona a su lado. Muchos oraban en voz audible.

Cerré mis ojos.

Con mi mano en la de Nick, oré tranquila, en silencio: *Señor, me siento muy agradecida de que no me hayas dejado sucumbir a mi temor a volar, sino que me ayudaras a escoger imponerme a él. Hubo veces en las que pensé que no querría ni podría volver a subirme a un avión, pero deseaba cumplir tu voluntad y tu propósito para mi vida. En muchas ocasiones he tenido que escoger volar asustada, pero a pesar de todo siempre has estado conmigo, confortándome, capacitándome, fortaleciéndome. Gracias a ello he podido viajar a muchas ciudades y naciones por todo el mundo y llegar a personas que nunca habría podido alcanzar de otra manera.* Pensé en la promesa de Dios en 2 Timoteo 1.7. *Señor*, oré, *como todas las demás veces, elijo recordarme a mí misma que no nos has dado un espíritu de temor, sino de poder, amor y dominio propio.*

Escuché y sentí cómo la goma golpeaba el asfalto. Todos los pasajeros estallaron en un aplauso espontáneo. Conforme fuimos desacelerando a través de la larga pista de aterrizaje, pasamos por delante de los coches de policía que nos aguardaban con las sirenas a todo volumen, así como de camiones de bomberos, ambulancias y el personal de tierra.

A pesar de todo, aterrizamos sin incidentes y en cuestión de minutos la compuerta del avión se abrió. La luz entró a raudales.

Una vez tuve miedo de volar, experimentaba un temor paralizante que me mantuvo atada a la isla de Australia. Sin embargo, como Jesús calmó mis aprensiones del mismo modo en que lo hizo con Pedro en medio de la tormenta mientras caminaba sobre las aguas, aquello mismo que tanto temí se ha convertido en mi vehículo para ministrar a otros que se hallan en la oscuridad, para ir y hacer lo mismo.

Vivimos en un mundo de tinieblas. Llueve. Llegan tormentas. Los relámpagos caen. Tu vida se puede hacer pedazos. El tejado puede venirse abajo. Te pueden herir. Mientras vivas tendrás cosas que perder, pequeños trocitos de ti mismo. La gente a la que amas, las elecciones de la vida que te son gratas… siempre estarás arriesgando algo, algo querido. Algunas veces puedes sentir miedo. No obstante, podemos escoger entre rendirnos a ese temor y dejar que gobierne nuestra vida, o entregarle a Cristo todas esas cosas que amamos y tememos perder, viviendo después sin miedo… inconmovibles.

Algunas personas han pagado un precio horrible por vivir con temor. Lo único que ven es oscuridad. A todo lo que pueden aferrarse es a su miedo, su desesperación, su soledad o su desánimo.

Sin embargo, los que siguen a Cristo poseen la luz. Conocemos su amor. Tenemos esperanza. Podemos llevar las nuevas de su gracia, del cambio.

¿Me amas?, pregunta Jesús.

Inconmovibles, podemos responder que *sí* y prepararnos para servirle sin miedo.

capítulo 7

Una vez anduve perdida

Recuerdo aquel día en Thessaloniki en el que Sonia se volvió hacia mí y me espetó: «¿Por qué no viniste antes?». La urgencia en su pregunta era visceral, desesperada, innegable; sin embargo, a mucha gente en todo el mundo le podría resultar difícil entender ese apremio. Nadie nos ataca, nos degrada ni nos esclaviza. No pasamos hambre. No estamos sedientos. Poseemos ropa cómoda, caliente y un techo sobre nuestra cabeza. Estamos a salvo.

Cuando uno no está perdido, cuando se encuentra seguro, no es fácil entender la urgencia de necesitar ser hallado, de que te rescaten.

No obstante, todos los que somos creyentes en Cristo tenemos una forma de entender esta prisa. «Perdidos» es el estado en que nos encontrábamos una vez cuando estábamos separados de Cristo, antes de que él nos hallara y nos adoptara en su familia. Aun así, tal vez te convertiste siendo niño, o quizás fuera una decisión más intelectual que emocional para ti. Es posible que vivamos una vida tan aislada de la necesidad desesperada, urgente, que sencillamente no somos capaces de entender el grado de desesperación de Sonia a todos los niveles.

Sin embargo, de vez en cuando Dios nos envía un recordatorio...

EXPLORACIÓN CERCANA DEL BOSQUE TROPICAL DE DAINTREE

Nuestro Jeep, con Mick al volante y ahora totalmente fuera de control, daba tumbos y derrapaba por el camino pendiente y embarrado de la ladera. La curva de la primitiva carretera se acercaba a demasiada velocidad y los frenos no respondían en el lodo. Apreté los dientes y cerré los ojos: estábamos a punto de salirnos del camino. ¿Rodaríamos montaña abajo? ¿Sería ese el final?

Mick movió el volante e intentó permanecer en la carretera, pero no sirvió de nada: nos salimos del camino. El vehículo cayó en picada y atravesamos la maleza, rebotando y golpeándonos con el techo y los lados, así como unos contra otros. A merced de la gravedad y la física, nos deslizamos cada vez a mayor velocidad, fuera de control, hasta llegar al fondo y precipitarnos en un inmenso foso fangoso.

Estábamos sumidos en un pantano como una almendra en una tableta de chocolate.

Los cinco —mis amigos Kylie, Sally, Mick, Paul y yo— nos encontrábamos en el último día de nuestro viaje de verano y habíamos decidido atravesar el bosque tropical de Daintree, una de las maravillas naturales de Australia que se encuentra entre los ecosistemas más antiguos conservados del mundo. Con la ayuda de un viejo y descolorido mapa que encontramos desechado en un restaurante, escogimos la que parecía una ruta interesante y nos pusimos en marcha. Hasta aquel momento habíamos disfrutado de un paseo en auto maravilloso y espectacular: eucaliptos de flores rojas tan grandes que nuestro grupo de cinco, agarrándose de las manos, no podía rodear su tronco cubierto de enredaderas. Kilómetros de orquídeas, helechos y jengibres silvestres debajo de palmeras cuyas ramas gigantes nos rozaban como abanicos al pasar por su lado. Cataratas que provocaban una llovizna a su alrededor y te refrescaban en el calor tropical.

Todo había sido sumamente divertido. Hasta ese momento.

«¡No podía detener el auto!», jadeó Mick. «¿Están todos bien?».

Lentamente lo fuimos comprobando y respondimos de modo afirmativo.

Retiré mis dedos del respaldo del asiento delante del mío, al que me había aferrado con ahínco. Todos estábamos aturdidos y alterados. *Bueno,* decidí frotándome el cuello, *no queda mucho más que decir o hacer, solo salir del Jeep y empezar a empujarlo hasta sacarlo del barro.*

Recuerdo lo viscoso del lodo alrededor de mis piernas cuando me sumergí en el foso. *¡Qué desagradable!,* pensé. *Me pregunto qué más hay aquí dentro.* Seguía siendo adicta a las aventuras, pero esto no era exactamente lo que había pensado.

TAN SOLO UN PASEO POR LOS BOSQUES

Durante dos horas, Kylie, Sally, Mick, Paul y yo empujamos, tiramos, levantamos y vadeamos por el lodo a fin de mover nuestro vehículo. Finalmente, lo situamos sobre tierra seca y razonablemente nivelada, pensando que con nuestro todoterreno podríamos volver a la carretera al pie de la colina siguiente. Cansados y cubiertos de un cieno marrón, descansamos un minuto contra un costado del Jeep.

A continuación, Mick ocupó el asiento del conductor a fin de arrancar el motor para iniciar nuestro viaje de regreso. Giró la llave y tras una pequeña detonación momentánea… nada. Volvió a girar la llave. Ronroneo, ronroneo. Nada. Al principio pensamos que tal vez el lodo había obstruido el conducto del combustible. En ese instante, Paul señaló la luz parpadeante del tanque de la gasolina. Nos habíamos estado divirtiendo tanto que ninguno de nosotros se percató de que habíamos gastado todo el combustible del tanque principal y estábamos utilizando la reserva. El deslizamiento debió consumir lo último que nos quedaba.

—Bueno —dije riéndome—. Parece que volveremos a pie.

—Sí —respondió Kylie—. Pero seguramente, dada la cantidad de tiempo que hemos estado conduciendo, no podemos estar muy lejos del final de esta carretera.

—Debería haber algún lugar más allá desde donde podamos llamar pidiendo ayuda.

Aunque ninguno de nosotros tenía un celular, el ánimo se mantenía alto.

—Esta va a ser una historia extraordinaria —comenté, arqueando las cejas y sonriendo.

Empezamos a andar por la carretera, riendo y jugando, sin ninguna preocupación en especial.

No tardamos en comenzar a angustiarnos por llegar a algún lugar de aspecto más civilizado. Parecía que nos internábamos cada vez más en el bosque tropical en lugar de salir de él. Me percaté de lo sedienta que estaba y empecé a pensar que también tenía hambre. Los pies comenzaron a dolerme. Las chancletas no eran el mejor calzado para caminar por un denso bosque tropical. La luz del sol, atenuada por la cubierta forestal, empezaba a desvanecerse. Frescas brisas procedentes del mar se filtraban a través del follaje húmedo. Antes había sentido calor, pero ahora tenía frío con mi camisera fina y mis pantalones cortos.

Seguimos caminando todavía alegres, pero nuestra risa se había atenuado un poco mientras todos soñábamos con lo mismo: *una ducha. Algo que comer. Algo que beber.* En silencio, oré que encontráramos el camino que nos sacara del bosque cuanto antes. No estaba asustada, solo quería volver a la diversión de nuestra aventura por el boscoso país de las maravillas. Estaba segura de que no nos hallábamos lejos de un lugar donde ingerir una cena rápida (o al menos una merienda), conseguir combustible para el Jeep, y quizás hasta encontrar a alguien que nos llevara de regreso al auto para que pudiéramos seguir nuestro camino. Imaginaba que nadie trazaría una carretera que no condujera a ninguna parte en las profundidades del bosque tropical. Debía haber algún tipo de civilización al otro lado.

Y entonces el sol comenzó a ponerse.

NOCHE EN PLENA NATURALEZA

El anochecer nos alertó de nuestra peligrosa situación: la pista solo parecía internarnos más en el oscuro bosque tropical, no había hotel ni resplandor de luz en ninguna dirección. El denso follaje verde que cubría y juntaba los árboles era ahora casi negro.

De repente, se me ocurrió que nadie sabía dónde estábamos. Nuestra decisión de explorar el Daintree había obedecido a un impulso espontáneo y solo lo habíamos hablado entre nosotros. Francamente, hasta desconocíamos nuestra situación en ese trozo de doce mil kilómetros cuadrados de naturaleza. Y aunque la conociéramos, no tenía la más mínima capacidad de interpretar el mapa y no estaba segura de poder confiar en la pericia direccional de mis amigos. Muy pronto, bajo la luz que se desvanecía, ya no pudimos divisar el camino.

En unas circunstancias tan difíciles, uno comienza de repente a escuchar cosas que no había percibido antes: el trajín de las criaturas por encima de la cabeza y debajo de los pies, el silbido y el roce de las ramas.

Empecé a oír agua corriendo. Habíamos llegado a un río y no había forma de seguir adelante sino cruzándolo.

Permanecimos un momento de pie en la orilla, vacilantes. Creo que el mismo pensamiento cruzó por la mente de cada uno de nosotros: *¿de verdad vamos a intentar cruzar un río? ¿No deberíamos volver atrás? Sin embargo, ya hemos llegado muy lejos. De seguro que debe haber alguna ayuda cerca...*

Mick, que llevaba la cámara de vídeo con la que pretendíamos grabar nuestras aventuras, nos anunció que teníamos unos treinta minutos de batería, algo que no era relevante porque necesitáramos imágenes que documentaran nuestra estupidez, sino porque el reflector era nuestra única fuente de luz.

¿Treinta minutos? Habíamos caminado durante horas. Treinta minutos no serían suficientes. La oscuridad caía rápidamente, quedaba tan poca luz que ya no podíamos ver con claridad el otro lado del río.

Nos miramos unos a otros y asentimos. Decidimos que sería un buen momento para encender la cámara: necesitábamos una luz que nos guiara al cruzar.

Mick pulsó el interruptor.

Los rayos que cortaban las tinieblas iluminaron nuestro progreso. En todas las direcciones, hasta donde nos alcanzaba la vista, había enormes árboles cubiertos de enredadera y plantas silvestres.

Perfilados al fondo, los picos de las montañas se alargaban hasta un cielo insondable de remotas estrellas.

Nos miramos de nuevo unos a otros, y luego dirigimos la vista hacia la lejanía. Resultaba casi insoportable admitirlo, observar la misma conclusión en los ojos de los demás.

Estábamos perdidos.

INDEFENSOS Y SIN ESPERANZAS

Fue entonces, al iluminar la luz la oscuridad, que tomé conciencia de la gravedad de nuestra situación y lo completamente perdidos que estábamos.

Los hechos resultaban claros. Nos habíamos hundido en todo el corazón salvaje del Daintree. Era de noche, caminábamos con zapatos nada adecuados, sin comida ni agua, sin ropa abrigada, sin un manual de supervivencia en un bosque tropical ni celular, y sin la más mínima idea de cómo regresar a la civilización. *¡Qué necios hemos sido!*, pensé. Nadie nos buscaba. Incluso cuando se percataran de nuestra desaparición, no sabrían ni por dónde empezar a indagar. Éramos novatos, turistas de paseo en una divertida excursión vacacional de verano, gente de la ciudad que desconocía aquello a lo que se acababa de exponer... y nos encontrábamos en uno de los bosques tropicales más antiguos del mundo, hábitat de serpientes venenosas, lagartos y arañas. Incluso sin estas probabilidades, mi idea de acampar se asemejaba más a un servicio de habitaciones deficiente que a dormir en una tienda de campaña o a cielo abierto sobre el suelo musgoso al pie de un árbol.

Tan solo un día antes esto habría podido considerarse una broma. Sin embargo, ahora no nos reíamos. Tampoco es que estuviéramos aterrorizados. Probablemente deberíamos habernos sentido todavía *más* aterrados. No obstante, sí éramos conscientes de que necesitábamos ayuda. Nos hallábamos en una situación terrible y ninguno de nosotros sabía cómo íbamos a salir de ella.

Con la luz de la cámara encendida, nos preparamos para cruzar.

En silencio y en fila nos adentramos en el agua. El río no era tan profundo en ese punto y esto nos permitió pasar al otro lado caminando, pero casi se me escapa un chillido, ya que el agua estaba helada. Me concentré en llegar a la otra orilla. Los chicos nos ayudaron a Kylie, Sally y a mí, mientras nosotras luchábamos por dar un paso con nuestras chanclas. Estaba a punto de perder los estribos, ya que la fuerte luz de la cámara reveló que había cucarachas en las orillas, pero seguí orando a la vez que cruzaba.

En el momento justo, cuando todos habíamos alcanzado la otra orilla, la luz de la cámara de vídeo se apagó.

¡Qué inquietante y sin embargo reconfortante al mismo tiempo!, pensé. «Gracias, Dios», oré. «Tú nos has traído hasta aquí. Ahora, llévanos a casa sanos y salvos». Aunque no sabíamos lo que nos esperaba, Dios nos guió en lo que estoy segura podría ser nuestro peor deambular.

Contábamos con un poco de luz de la luna para ver el camino. Silenciosos ahora, nos movíamos a través de enredaderas y ramas. Empezamos a escuchar pequeños sonidos metálicos y golpeteos. *Lluvia*. El olor de la tormenta, que antes hubiera parecido agradablemente fragante, llegó agresivo para indicar más problemas. Miré mi reloj cuando empezó el aguacero: la una de la madrugada. Habían transcurrido doce horas desde la comida del mediodía. Empezaba a sentir los efectos de la deshidratación. Tenía la boca seca, como si hubiera masticado bolas de algodón, pero mi estómago estaba enfadado y gruñía pidiendo comida, mientras que el resto de mi cuerpo se encontraba helado. La lluvia no hizo sino aumentar ese malestar. Con mis pantalones cortos y mi camiseta, tiritaba de frío. Me sentía un tanto mareada y me resultaba difícil enfocar la mirada. Había dejado de cuestionarme si llegaríamos a tiempo para tomar nuestro vuelo de regreso a casa. Solo comencé a preguntarme cómo regresaríamos.

«Debemos detenernos», sugirió Sally. Parecía tan enferma como yo misma.

De todos modos estaba demasiado oscuro para seguir adelante. Buscamos algo que nos sirviera de refugio donde poder descansar hasta el alba. Aunque había árboles por todas partes (¡era el bosque tropical!), ninguno parecía ofrecernos un techo que nos protegiera de la tormenta. Procuramos reunir ramas caídas y palos sueltos para fabricar un improvisado cobijo. Finalmente, nos apiñamos bajo nuestro pésimo cobertizo contra un robusto árbol, nuestro único refugio. Me froté las manos y los pies. Las espinosas enredaderas, los enmarañados arbustos y la vegetación habían cortado y magullado mis cansados miembros. Me sentía sucia, agotada, hambrienta, sedienta... y sin esperanza. Permanecimos en silencio, con seguridad pensando lo mismo: que ninguno de nosotros sabía cómo salir de esta situación.

Nadie durmió en realidad. Nos sumimos profundamente en nuestros propios pensamientos, sobre todo relacionados con nuestros seres queridos en casa, sabiendo que no tenían ni idea de que estábamos perdidos en el bosque tropical y no descansando en la cama de nuestro hotel y listos para tomar el vuelo al día siguiente de regreso al hogar.

Ningún otro ser sobre la tierra está al tanto de nuestro problema, pensé. *Sin embargo, tú si lo sabes, Dios. ¿Podrías rescatarnos de algún modo de este embrollo en el que nos hemos metido solitos? Lamento que hayamos sido tan irresponsables. Sé que esto no es culpa de nadie, sino solo nuestra. No podemos acusar a nadie, solo a nosotros mismos. No hemos sido sabios y esta es la consecuencia de nuestros actos. Pero ayúdanos, Dios. Por favor, te lo ruego, ayúdanos.*

Cinco miserables horas después salió el sol. De nuevo, la luz nos mostró lo desesperada que era nuestra situación. Estábamos sucios, cubiertos de barro seco, y teníamos los ojos irritados con profundas ojeras oscuras de agotamiento. Aunque había dejado de llover, nos encontrábamos empapados y adoloridos. Sally y Paul ni siquiera podían caminar por los cortes que se habían hecho en los pies mientras reunían palos y ramas para resguardarnos debajo del árbol. Yo sentía la punzada de cada una de mis propias cortaduras en piernas, manos y pies.

Durante una hora más permanecimos sentados, alentándonos y valorando cada solución posible. ¿Seguir más adelante? No sabíamos con qué nos podíamos encontrar, y nos sentíamos más débiles que fuertes. ¿Esperar allí donde nos encontrábamos? Podrían pasar semanas. Nadie nos estaba buscando. ¿Qué posibilidades había de que alguien se aventurara por allí? Tal vez deberíamos intentar volver atrás... pero ya que habíamos llegado tan lejos... Regresar sobre nuestros pasos nos tomaría otro día, quizás dos, teniendo en cuenta nuestro deteriorado estado físico. Todas las opciones parecían un callejón sin salida.

«Basta», exclamó Mick finalmente. «Voy a tomar una decisión ejecutiva. No me siento cansado. Voy a seguir adelante para buscar ayuda. Ustedes deberán aguardar aquí... de todos modos, no harían más que retrasarme. Les enviaré auxilio».

Aunque no hubo quien abriera la boca, el resto sin duda estaba pensando lo mismo que yo: *eso es poco probable*. Aun así, Mick tenía razón, debíamos hacer algo. Si nos quedábamos todos allí sentados, moriríamos inevitablemente. Desalentados y asustados accedimos, aunque con renuencia. Sin embargo, primero que todo, decidimos que sería mejor subir a un terreno más elevado. Cerca de allí había un peñasco; nos encaramaríamos en él.

«Esto facilitará que nos vuelvas a encontrar», le señaló Paul a Mick, «si lo consigues...».

Ese *si* se repitió una y otra vez en nuestra mente.

Desde nuestro nuevo y ventajoso punto más elevado, Paul, Kylie, Rally y yo lo observamos mientras se internaba en el bosque, después guardamos silencio, dejándonos llevar de nuevo por nuestros propios pensamientos.

Me senté sobre la tierra mojada, apoyando mi barbilla en las rodillas y abrazándome las piernas. La presión de un miembro contra otro alivió ligeramente las punzadas de los cortes. Sin embargo, las magulladuras que me hice cuando el auto se deslizó y al abrirnos paso a empujones a través de la maleza empezaron a dolerme por todas partes.

Durante las cinco horas siguientes, todos nos movíamos con nerviosismo cada vez que se sacudía una rama o un arbusto crujía en el bosque. A las diez de la mañana, pensé en nuestro avión que despegaría para regresar a Sídney. El vuelo duraba tres horas, y hasta ver que no desembarcábamos a nadie se le ocurriría intentar contactarnos. Buscarían nuestra pista a partir del hotel, que no habíamos dejado aún, pero no habría quién supiera adónde habíamos ido. Ni siquiera sabrían por dónde empezar a buscar. ¿Cómo podían encontrarnos en aquel agreste y denso bosque tropical?

Nuestro Jeep estaba tan perdido para el mundo como nosotros, escondido en la profundidad de la espesura, apartado de la carretera. Con toda seguridad, las lluvias de la noche habían eliminado hasta las marcas de nuestro deslizamiento y todas nuestras huellas.

Transcurrieron otras cuatro horas. El estómago me dolía de hambre, y aunque era mediodía tiritaba de frío. Los elementos y nuestra exposición a ellos nos estaban pasando factura. Me preocupé por Mick. ¿Y si estaba herido? ¿O si se había encontrado con algún animal peligroso? A mi mente le costaba concentrarse y me sumí en la desesperación. Haría falta un milagro para sacarnos de aquella situación. Las cosas solo podían ir peor: el hambre, el dolor.

Empecé a abandonar toda esperanza de rescate.

Cada paso que daba me dolía, pero lentamente reuní algunas palmas y hojas de helecho para confeccionar mi lecho de muerte. Las extendí y me recosté con cuidado sobre ellas, con los ojos cerrados y los brazos doblados sobre el pecho.

—¿Qué estás haciendo? —preguntó Paul.

—Si nos encuentran, quiero tener un aspecto apacible —respondí.

—Chris, eres la reina del drama —dijo Kylie.

Sabía que tenía razón, pero también creía que aquello era en verdad el final. Siempre me había preguntado cómo me sentiría cuando llegara ese momento, y en cierto modo me sorprendió lo tranquila que estaba. Pensé en mi familia, todas mis relaciones y mi vida hasta aquel momento. «Dios», oré, «me siento muy agradecida por tu salvación y por haberme permitido servirte, pero de veras creo que no conseguiría llegar a casa tal como estoy. Pensaba que tenías muchísimas cosas más para mí. Al menos sé que creo en ti genuinamente, Señor, y estoy preparada para encontrarme contigo cara a cara. Por favor, te pido que mi madre, mi familia y mi equipo te sientan muy cerca cuando tengan que enfrentarse a esto. Señor, lamento mucho haber sido tan irresponsable. Sé que deberíamos haber tenido más cuidado, pero ya no lo puedo remediar».

Kylie me sacudió levemente.

—¿Oyes eso? —me susurró, casi sin aliento.

—¿Qué? —preguntó Paul.

Agucé el oído.

—¿No lo oyen? —insistió.

Lo único que escuchaba era el ruido que hacía Kylie intentando ponerse de pie. *Está delirando*, pensé. *Qué bueno, Señor, le estás dando una alucinación que la ayude a pasar de esta vida a la siguiente.*

Entonces sentí una ligera vibración, un temblor en los árboles y el suelo, seguido por el sonido de un zumbido constante y penetrante. Me froté los oídos. El sonido no desapareció. En realidad, se iba haciendo más fuerte. Sentí un potente aire y abrí un ojo.

LA DIFERENCIA ENTRE UN DÍA Y OTRO

Kylie y Paul estaban de pie, levantando los brazos hacia el cielo y moviéndolos como locos, mientras gritaban: «¡Aquí! ¡Estamos aquí!». Sus gritos y una ráfaga aun más fuerte de aire hicieron que me sentara y mirara a mi alrededor para ver... un helicóptero.

Mick se asomó por un lateral mientras el aparato revoloteaba justo por encima de nosotros. Él también hacía señas con la mano, radiante.

Me puse en pie de un salto y corrí hasta el borde del peñasco. Jamás olvidaré ese momento sobre aquel precipicio, gritando: «¡Estamos salvados! ¡Estamos salvados! ¡Estamos salvados!». Rebosante de alegría, aliviada e increíblemente feliz, quería saltar sin cesar. Sin embargo, en vez de hacerlo, me quedé helada.

No fueron solamente el enorme precipicio al borde del acantilado, o mis pies y miembros adoloridos los que me detuvieron. Fueron las palabras. Con una claridad como nunca he oído la voz de Dios, aquel día lo escuché decirme: *sí, Christine, están salvados. Recuerda lo que eso significa. Recuerda lo que supuso estar perdidos. Recuerda la oscuridad y la diferencia entre sentirse despreocupados una mañana, y en la noche estar tristes, asustados y arrepentidos por haber sido tan irresponsables. Recuerda que estoy aquí. Recuerda que quiero salvar a todas las almas. Y recuerda lo que es ser incapaz de salir de las tinieblas por ti misma.*

Del cielo cayó una escala. Miré hacia arriba, parpadeando por lo que resultaba ser una luz deslumbrante tras nuestra oscura noche y día del alma. Al aferrarme al primer peldaño, fue como agarrar la mano de Dios, y me llené de gratitud. A la luz del día, llena de esperanza, pensé: *no lo olvidaré jamás*. ¿Cómo podría? Un minuto antes estaba totalmente desesperanzada, preparándome para morir. Me sentía olvidada y lejos de toda ayuda, más allá del alcance de cualquier tipo de rescate, en un lugar muy extraño e implacable, rodeada de depredadores, adolorida y llena de cortes, empapada por la lluvia, inundada de temor y desesperación.

El equipo de rescate dejó caer un cable de seguridad que me até alrededor de la cintura. Subí los peldaños de la escala, colgando sobre la naturaleza salvaje donde momentos antes había esperado morir. ¡Qué diferente parecía el bosque tropical bajo la luz de la esperanza! *Nada más que árboles*, pensé. Por encima de mí, el equipo de rescate estiraba los brazos para tirar de mí y ponerme a salvo en el helicóptero. Una vez a bordo, me maravillé del cambio realizado por la mano extendida para rescatar. Hasta me reí, porque no podía evitar pensar que aquello más bien parecía la escena de alguna serie televisiva de salvamento y no una experiencia real de mi propia vida.

Miré a mi alrededor, a mis amigos, ahora sanos y salvos en el costoso helicóptero. El equipo de rescate lo había dejado todo para salir a buscarnos, encontrarnos y librarnos de la oscuridad y el peligro. Me di cuenta de una cosa: *salvar tiene su precio. En el rescate se arriesga todo*. Eso es exactamente lo que Dios ha hecho por nosotros enviando a Jesús al mundo para buscar y salvar lo que se había perdido.

Cuando me desabroché el arnés de seguridad, elevé la mirada al cielo y susurré: «Dios, no me olvidaré de los que siguen perdidos en las tinieblas».

RECUERDO

Le prometí a Dios que no olvidaría, y lo he cumplido. Recuerdo aquel sentimiento de euforia y alivio cuando vi el helicóptero y me di cuenta de que estábamos salvados. Y evoco las palabras de Dios: *recuerda lo que significa estar a salvo. Recuerda lo que supuso estar perdidos.* Lo he recordado muchas veces desde entonces. Igual que lo recordaba aquel día en Thessaloniki, cuando Sonia me preguntó: «¿Por qué no viniste antes?».

Podía entender su desesperación, su sentido de urgencia, porque recordaba los míos.

Para el que está desesperado, hambriento y oprimido, para los que sufren dolor, ningún salvamento puede llegar lo suficiente pronto. Y cuando los perdidos nos llaman para que los rescatemos, Dios no nos ordena que seamos superhombres, sino que estemos dispuestos. Él hará el resto.

Algo que ya sabía a partir de la Biblia se tornó ahora cierto para mí, pero de una nueva forma: hay muchas personas que no tienen salida a menos que vayamos a rescatarlas. Las palabras de los profetas adquirieron un nuevo significado. Se las repetí en silencio a Dios, como una promesa que procedía de saber lo que significa ser rescatado: *aquí estoy. ¡Envíame a mí!* (Isaías 6.8).

Si le hacemos a Dios esta promesa (*Envíame a mí*), ¿a qué cambios nos estamos comprometiendo?

«Envíame a mí» significa extenderles nuestras manos a los perdidos

Después de haber sido rescatado, resulta muy natural regresar sencillamente a nuestra vida, a lo mismo de siempre. Tras una experiencia desgarradora, uno anhela la normalidad. Quiere —y a veces lo logra— olvidar ese momento sin esperanza y aterrador en que se vio olvidado en la oscuridad. Volver allí para advertirles a los demás es una dura tarea, e intentar rescatar a otros en aquellos lugares peligrosos parece arriesgado.

Creo que, por esta razón, Jesús contó una historia detrás de otra sobre lo fácil que resulta estar perdido y lo extraordinario de ser salvado. Relatos de personas desesperanzadas y sufrientes. Seres humanos que necesitan agua viva, que tienen el alma hecha jirones, con la oscuridad cerniéndose a su alrededor y el tiempo en su contra.

En el Evangelio de Lucas, capítulo 15, habla de una oveja perdida... y luego, como si sintiera que no hemos captado el mensaje, hace alusión a una moneda perdida y luego a un hijo extraviado.

Estas narraciones, afirma Jesús, les recordarán algo que deseo que recuerden siempre: *independientemente de la profundidad del abismo, o de la oscuridad de la noche, siempre los buscaré y los rescataré, porque los amo con un amor eterno. Son preciosos para mí. Aun cuando lo estropean todo, son descuidados, se equivocan, se asustan, se sienten quebrantados o débiles, sigo amándolos. Incluso cuando son incapaces de hacer nada por nadie, incluidos ustedes mismos, sigo amándolos. Y así como yo voy en su busca, lo hago por todos aquellos que han cometido errores, los que son subestimados, poco valorados y despreciados. Yo vengo por todos los equivocados, los descuidados y aquellos por los que nadie se preocupa, los que están alegres y los que son infelices. Vengo a buscar a los perdidos, ya sea que se trate de una oveja tonta, una moneda de plata, o un hijo derrochador.*

«Envíame a mí» significa buscar a los perdidos, aunque solo se trate de una persona

Jesús nos dice: «Si posees cien ovejas y una se descarría, esa es la que tienes que ir a rescatar. ¿Acaso no es igual de valiosa que cada una de las noventa y nueve restantes?».

En los desastres naturales y los tiempos de guerra, el personal médico suele llevar a cabo lo que ellos denominan *triaje*. Esto significa que examinan a los heridos y determinan cuáles tienen mayores probabilidades de vivir. Concentran sus esfuerzos en aquellos que creen poder salvar… y lamentándolo mucho, dejan morir a otros, o quizás que se mejoren y recuperen por sí mismos.

Sin embargo, Jesús no practica el *triaje*, sino deja a las noventa y nueve sanas a salvo en su redil mientras sale en medio de la noche en busca de la oveja que se ha perdido, la enferma, la deprimida, la decepcionada, la herida, la esclavizada. Y cuando la encuentra, la coloca sobre sus hombros y reúne a sus vecinos para que celebren, diciendo: «Alégrense conmigo; ya encontré la oveja que se me había perdido» (Lucas 15.6).

¿Cómo podría hacer menos que esto un Dios todopoderoso? ¿Te imaginas cuál sería su mensaje para nosotros de no ser así? «Iré en pos de ti y te salvaré… *si* no estoy demasiado ocupado salvando a alguien más, y *si* no se necesita mi atención para mantener a los otros noventa y nueve a salvo. Después de todo, lo más probable es que tú solito te hayas metido en este lío, así que no sería justo privar de mi tiempo y mis cuidados a los demás, que se están portando bien. Te ayudaré si las circunstancias lo permiten. Si no, arréglatelas como puedas».

Jamás, en toda la Escritura, Jesús da un mensaje como este. Él promete ir a buscar incluso a una sola persona, porque todos son preciosos para él. Cada uno de nosotros.

«Envíame a mí» significa buscar a los perdidos ... aunque les temamos

Esto es verdad, muchos de nosotros les *tememos* a los perdidos, y por eso somos renuentes a salir al mundo a buscarlos.

¿Por qué habríamos de temerles a los perdidos? Por muchas razones. Quizás porque con frecuencia están demasiado necesitados y desesperados. Nos asusta que se peguen a nosotros como una sanguijuela y empiecen a pedir una cosa detrás de otra: nuestro tiempo, nuestro dinero, nuestro apoyo emocional, un lugar en nuestro hogar («solo hasta que me recupere»), que los llevemos al trabajo y muchas otras cosas.

Tal vez les temamos porque son muy «distintos» a nosotros. Tienen un estilo de vida diferente, diferentes elecciones de vida, diferente lenguaje y forma de vestir, comida, música y sentido del humor. ¿Nos aceptarán? ¿Se reirán de nosotros a nuestras espaldas? ¿Nos despreciarán aunque nos sacrifiquemos por ellos? ¿Podrían ser incluso un peligro para nosotros? ¿Estarían dispuestos a tomar por la fuerza aquello que no les ofrecemos libremente? ¿Nos sentiremos incómodos y molestos en medio de ellos?

Cuando Jesús instó a Pedro a que alimentara a sus ovejas, no le ofreció una lista de las excusas que aceptaría. «Apacienta mis ovejas, a menos que no sea conveniente o las ovejas se vuelvan demasiado exigentes. Apacienta a mis ovejas, a menos que te asuste el carnero grande que protege al rebaño. Alimenta a mis ovejas, a menos que temas que te acusen, te arranquen la comida de la mano y te pisoteen».

Solo le pidió a Pedro que alimentara a sus ovejas.

«Envíame» significa buscar a los perdidos, independientemente de cómo se extraviaron

En la historia de la moneda perdida, esta no se perdió sola. Una mujer que tenía diez monedas de plata extravió una. ¿Estaba tan ocupada que olvidó dónde la había puesto? ¿Perdió de vista su tesoro solo por un momento y un ladrón se la arrebató? ¿Acaso tropezó, se le derramaron todas en el suelo, y una rodó perdiéndose de vista? ¿Tal vez una adicción hizo que se jugara parte de su dinero, e incluso más, en un intento desesperado por recuperarlo?

Algunas personas están perdidas no por algo que hicieron voluntariamente, sino por el lugar en el que cayeron o las circunstancias. Se han extraviado por las palabras de un maestro insensible, el descuido de un padre ausente, la malicia de un abusador. Tal vez hayan sido secuestradas por un traficante que no las ve como seres humanos, sino como mercancía que se compra y se vende al mejor postor. Quizás un gobernante corrupto ha administrado mal los recursos del país, dejando a los pobres inocentes sin comida, agua, cuidados sanitarios, educación o servicios humanos básicos. En cualquier caso, los perdidos son personas que se han extraviado de su propósito, su potencial, y quizás hasta su destino.

Es posible que *ese uno* sea una madre soltera cuyos ingresos solo cubren algunas de las facturas y agota el saldo de sus tarjetas de crédito para suplir el resto de las necesidades de su familia. O quizás *ese uno* sea la pareja que trabaja tan duro en su trabajo y administrando su casa, que se está distanciando y la intimidad de su matrimonio se ha perdido. O tal vez *ese uno* sea el director ejecutivo que se ha abierto camino hasta lo más alto de la escala corporativa, pero está experimentando tal insatisfacción y malestar que se pregunta si ese último peldaño está de verdad apoyado en el muro correcto.

Ese uno puede ser alguien que ha vivido una vida de crimen que lo ha enviado a la cárcel. *Ese uno* puede ser una persona que ha herido a propósito a otro. *Ese uno* puede ser egoísta, adicto, inmoral, arrogante, un burlón, un mofador, un asesino o una prostituta. Si nuestro ejemplo es Jesús, que se alzó en defensa de la mujer sorprendida en adulterio, del avaricioso y deshonesto recaudador de impuestos, y del ladrón en la cruz, entonces no haremos distinción entre el que está perdido por culpa de las circunstancias que escapan a su control y el que una y otra vez se coloca voluntariamente en esa situación.

La tercera historia que Jesús relató sobre una «pérdida» es bien conocida. Trata sobre un hijo al que se le dio todo, no solo los recursos de su padre, sino su corazón y su bendición, entonces él los derrocha todos y desciende a la humillación y la pobreza. No obstante, el padre se muestra dispuesto a ignorar las transgresiones de su hijo, ya que está sumamente contento de recuperar al vástago que tanto ama.

Afrontémoslo: muchos de nosotros sentimos en secreto —como el hijo mayor de la historia— que el vástago más joven había cavado su propia tumba y debía enfrentar las consecuencias.

No, dice Jesús. El hijo derrochador es tan importante y amado como el hermano mayor responsable, o el pequeño cordero demasiado preocupado por comer como para mantenerse junto al rebaño, o el dinero extraviado por las circunstancias. ¿Por qué sentimos a veces que los que están grave y profundamente perdidos deberían dejarse aparte, que ellos se metieron en este lío por voluntad propia y deberían salir de él solos o quedarse como están? ¿Puedes imaginar que el escuadrón de rescate enviado en busca de mis amigos y yo hubiera dicho: «Lo sentimos, no podemos hacerlo. Está prohibido rescatar a los que se pierden por su propia estupidez. A esa gente no le queda más que morir y afrontar las consecuencias de sus actos»?

No. Cuando alguien queda atrapado en un edificio incendiado, no tratamos de adivinar qué causó el fuego para después decidir si nos compadecemos de las personas que están en el interior. Cuando hay un ser humano en peligro de quemarse, uno va a toda prisa a salvarlo. Sobre todo si recuerda cuánto duelen las quemaduras.

Independientemente de cómo llega a perderse el tesoro de un alma, nuestro trabajo consiste en ir, rescatarla y salvar lo que es precioso.

¿Acaso eras intachable cuando Jesús vino a buscarte?

Jesús dice que hasta Dios reúne a los ángeles para regocijarse por el alma preciosa que ha sido hallada (Lucas 15.7, 10). ¡Fuimos creados del polvo de la tierra, sin embargo, hasta el más humilde e indigno de nosotros tiene gran valor para el cielo!

EL AMOR DE DIOS ES AUN MÁS PROFUNDO

El profundo deseo de Cristo de hallar y rescatar a *ese uno* se entiende muy bien cuando el que está perdido es alguien que amamos.

Me encontraba en una librería de Londres en Oxford Street, una de las calles más transitadas del mundo, cuando perdí a mi preciosa hija. Solo había apartado la vista de mi pequeña un instante, y cuando me di la vuelta, Catherine, que tenía tres años en aquella época, había desaparecido. ¡Se desvaneció! Miré hacia la concurrida acera, primero confusa, luego frenética. ¡Ella era tan pequeña y la multitud tan grande! Corrí a buscarla. No me importaba mi aspecto, mis gritos ni lo que la gente pensara... solo quería encontrar a mi hija. Me subí a un buzón de correos, gritando con todas las fuerzas de mis pulmones: «¡Catherine! ¡Catherine!». Detuve a personas desconocidas, preguntándoles: «¿Ha visto a mi hija? ¿Ha visto a una niña de tres años? *¿La ha visto?*».

Habría continuado haciéndolo —e incluso gritado más alto y de forma más ofensiva— hasta encontrar a Catherine.

Y entonces la vi. Se hallaba a la vuelta de la esquina, sentada en la sección de libros infantiles detrás de una estantería, por lo que casi no se le veía. Mientras yo estaba frenética, ella había estado leyendo, felizmente ajena a mi angustia.

Jamás olvidaré ese sentimiento de pánico. *¡Mi niña se ha perdido! ¿Dónde puede hallarse? ¿La tiene alguien? ¿Estará en peligro? ¿Qué le sucederá? ¿Se encontrará asustada? ¿Me estará llamado? ¿Sabrá que la estoy buscando?* ¡No había nada que no hubiera hecho para rescatarla si de verdad se hubiera perdido o se la hubieran llevado! Me sentía devastada. Quería a mi niña. Había miles de personas a mi alrededor, pero yo estaba desesperada por encontrar tan solo a una: mi hija.

Quizás hayas experimentado algo parecido. Se trata de la más horrible de las sensaciones. Te sientes físicamente enfermo. Tu adrenalina empieza a fluir, tu mente se acelera fuera de control, imaginando el peor de los escenarios posibles. El corazón te late con tanta violencia que parece querer salirse del pecho. Te sientes desesperanzado, impotente y loco por encontrar a esa persona que quieres.

Ahora magnifica ese sentimiento por mil, por diez mil. Dios nos ama a cada uno de nosotros, cada hijo, cada padre, cada policía, cada burócrata, cada traficante de droga, cada dependiente, cada atleta y cada asesino, infinitamente más de lo que amamos a nuestros hijos y cónyuges. Y su esfuerzo por salvarnos a cada uno de nosotros es mucho más fuerte que el mío aquel día para encontrar y rescatar a mi hija.

El corazón de Dios late por todas las personas perdidas, cada segundo de cada día. Él añora a los perdidos. El mundo es un lugar sumamente oscuro, denso y lleno de peligros. Las señales de advertencia no siempre son claras o visibles. Son muchos los que necesitan ser rescatados, los que tienen necesidad de que otros los ayuden en su deambular. ¡Hay tantas ovejas sencillamente necias y descuidadas! Y cada una de ellas es el tesoro perdido de Dios, su hijo amado, aunque obstinado y pródigo.

Hay una gran cantidad de personas que son como nosotros fuimos también una vez.

Esto es lo que él nos quiere recordar. Nosotros también estuvimos perdidos un día y ahora hemos sido hallados. Y debido a que él nos ha encontrado, formamos parte de su equipo de búsqueda y rescate. La luz que ansiamos una vez, la que él trajo para iluminar nuestro propio rescate, es la que nos manda a llevar al enviarnos de vuelta a la oscuridad.

«Ustedes son la luz del mundo», afirma él (Mateo 5.14). *Tienes lo necesario para traer a casa a aquellos que me son preciosos: me tienes a mí. Cuando caminas conmigo, brillas… porque el que me sigue no andará en tinieblas, sino tendrá la luz de la vida.*[1] *Así como te he ayudado, ahora debes ayudar a otros.*

Si alguna vez siento la tentación de perder de vista el sagrado privilegio que representa ser enviado por Dios para hallar y rescatar a sus ovejas perdidas, solo recuerdo la urgencia y el pánico que sentí cuando fue mi propia hija la que estaba perdida.

parte 4

DIOS CONOCE MI
DESTINO

capítulo 8
Mi despertar

Un soleado día de mayo, una amiga mía alemana y yo viajamos en auto cruzando hermosos campos verdes hasta un lugar que yo había querido visitar desde hacía años, aunque le tenía pavor: Auschwitz Birkenau, el mayor de los campos de concentración y exterminio nazi. Desde 1942 y hasta finales de 1944, los trenes de transporte llevaban allí a los judíos desde todos los rincones de Europa ocupados por los nazis. Más de un millón de personas murieron en el lugar, la mayoría de ellas en las cámaras de gas. Otros perecieron debido a la inanición o las enfermedades, extenuados hasta la muerte por los trabajos forzados, a causa de afecciones infecciosas, ejecutados, o atormentados por los experimentos médicos.

Desde la escuela secundaria había leído libros, visto películas y visitado los museos del Holocausto en varios países de todo el mundo. Incluso estudié la historia económica alemana durante tres años en la Universidad de Sídney. Por alguna razón, siempre había sentido un interés abrumador por la historia de la Segunda Guerra Mundial, y sobre todo por lo ocurrido con el pueblo judío. Ahora me encontraba en la misma carretera que ellos recorrieron, camino de lo que para muchos fue su destino final.

Auschwitz no resultó como esperaba. Pasamos junto a aldeanos que trabajaban la tierra de verdes campos bajo un cielo azul sin nubes. Los pájaros revoloteaban sobre la hierba. Una línea imponente de árboles perfilaba el horizonte. La campiña se veía hermosa y serena.

Cuando llegamos al campo de concentración, el cínico lema ARBEIT MACHT FREI (El trabajo te hace libre), forjado en hierro sobre el arco de la entrada, nos detuvo. Aunque era un día soleado, me estremecí hasta los huesos. Permanecí mirándolo fijamente durante lo que me pareció una hora. Solo setenta años antes, las personas que entraban allí por centenas de millares directo a la muerte eran recibidas por este falso cartel de esperanza.

Aquel lugar se había convertido en un museo gigante, un recordatorio de los horrores que las personas pudieron infligirse unas a otras. Mi amiga y yo caminamos a través de los edificios de ladrillos. Fotografías de prisioneros vestidos con desgarbados pijamas de rayas cubrían las paredes, junto con otras en las que se veía a los nazis midiendo la cabeza de las personas en su intento por demostrar diferencias étnicas biológicas.

Empecé a sentir un dolor en el estómago que me producía náuseas.

Di la vuelta en una esquina y me detuve ante un gran montón de zapatos reunido después de haberles ordenado a los prisioneros que se descalzaran. Había cientos de zapatos allí, raídos y desgastados, de todas las formas, estilos y tamaños. No eran más que eso, zapatos... pero a pesar de ello tenían mucho más significado. Me los imaginé en los pies de mis hijas; visualicé a mi esposo, mis padres, mis hermanos y a mí misma con estos zapatos puestos. Me pregunté a dónde habrían ido cuando las personas que los habían usado allí los llevaban en sus pies. Probablemente a los mismos lugares a los que hubieran ido de haberlos utilizado yo y la gente que conocía y amaba: al trabajo, a fiestas, a la iglesia, a casa. Y después habían recorrido la más larga de las caminatas hasta este lugar, solo para que sus dueños se descalzaran antes de entrar en una cámara de muerte.

Permanecí largo tiempo delante de aquellos zapatos y lloré.

Cuando por fin seguí adelante, llegué a una exposición de maletas, todas con nombres: algunos estampados, grabados, cincelados en placas metálicas, y otros garabateados a lo largo del lateral. Me pregunté por las personas que llevaron aquellos nombres, que habían cargado con esas maletas, probablemente sin saber adónde se dirigían. ¿Qué pertenencias habían guardado en ellas? ¿Habrían hecho el equipaje a toda prisa, apuradas por soldados armados con bayonetas, o por el contrario se habían tomado su tiempo, en privado, angustiadas por cada elección de lo que debían dejar atrás? Las había pequeñas, maletas de niños, como las que mis hijas preparan cuando viajamos. ¿Habrían guardado ellos mismos sus propias pertenencias? ¿Un juguete favorito? ¿Golosinas? ¿Un hermoso vestido, su almohada preferida?

Caminé hacia la siguiente exposición, un inmenso montón de cabello procedente de las cabezas afeitadas de los prisioneros. Los habían esquilado como a las ovejas y les habían arrancado sus ropas y posesiones. A continuación, los despojaron de sus ayudas físicas: anteojos, aparatos de audición, rodilleras, dentaduras; todo aquello se vendía o utilizaba de diversas maneras.

Aquellos montones de posesiones solo pertenecían a unos cuantos de los que habían sido llevados allí, quizás al último grupo. Y Auschwitz era tan solo uno de los muchos campos de muerte distribuidos por toda la Alemania nazi durante los cinco años de la Segunda Guerra Mundial. En aquel lugar, la vida humana no tenía valor alguno. La gente era golpeada y fusilada en público. Seis millones de judíos fueron exterminados solo por causa de su origen étnico.

Estaba viendo la prueba, pero seguía sin poder asimilarlo.

Mi amiga y yo salimos a tomar un poco de aire fresco. Del otro lado del patio se levantaban más edificios de ladrillos en los que aún no habíamos entrado. Cada uno de ellos estaba lleno de más historias de horror, dolor, pérdida e injusticia. ¿Cómo era posible que un ser humano le hiciera aquello a otro? ¿Cómo pudo tanta gente —un ejército— hacerle esto a toda una nación?

Por fin nos dirigimos al edificio siguiente, donde una exposición mostraba cómo cada prisionero que entró en Auschwitz llevaba un número tatuado en el brazo. Desde ese momento, tal número se convertiría en su identidad; jamás volverían a llamarlos por su nombre. Los números los deshumanizaron, insensibilizaron a sus guardianes con respecto a ellos. ¡Cuánto más fácil le resultaría a los vigilantes ignorar el sufrimiento cuando ni siquiera tenía nombre, cuando no se trataba más que de un número. Personas como Ana Frank y Corrie ten Boom se convirtieron en simples dígitos de una lista, dejando de ser seres humanos vivos que respiraban. Los prisioneros lo desconocían en ese tiempo, pero los nazis planeaban tachar finalmente cada número de las resmas de páginas.

Mis pies se volvieron pesados como el plomo, mi espíritu estaba deprimido. Arrastré mis pasos hasta la siguiente parada, el crematorio, y leí una detallada descripción de cómo se alimentaba.

Miré a mi amiga, cuyo rostro reflejaba el mismo desconcierto y perplejidad. Permanecimos allí durante largo tiempo. Éramos incapaces de hablar sobre ello.

NO ES ALGO TAN LEJANO

Durante la hora siguiente caminamos sombrías por otras partes del lugar. Pronto llegamos a la estación del tren y las vías, donde para la mayoría de los prisioneros comenzaba el infierno del campo de concentración. Los vagones de ganado se detenían allí, y la gente que había sido apiñada en su interior salía en tropel una vez que se abrían las puertas. Habían sido transportados como ganado, procedentes de toda Europa. Aquí, en la estación, los separaban en filas y los conducían en manadas por el horrible edificio que acabábamos de ver.

¿Qué habría hecho yo al salir a la luz desde aquel oscuro vagón de ganado sin ventanas? ¿Me hubiera encogido de miedo? ¿Cómo habría manejado la constante sensación de hambre carcomiéndome? ¿Cómo sería vivir en los barracones impregnados de la fetidez de los excrementos humanos, sin saber de un segundo a otro si sobrevivirías o morirías, desconociendo en qué momento los guardias te señalarían para abusar de ti, hacer un trabajo extra, torturarte, o quizás algo peor? ¿Qué habría pensado al ver la nube de humo saliendo por la chimenea del crematorio?

La impotencia, la desesperación, el instinto de autoprotección, el miedo asfixiante, todo aquello cobró vida para mí aquel día.

Pensamos en ello como historia antigua, pero fue algo que ocurrió durante la vida de nuestros padres o abuelos. ¡Qué diferencia hay entre estar aquí e imaginarlo todo, y leer sobre el tema en un libro o ver películas acerca de estos acontecimientos! Me vino a la memoria *El refugio secreto* de Corrie ten Boom, que intentó sobrevivir aquí y ayudar a su hermana y a otros a soportar, pero que al final casi ni vive para contarlo. Pensé en Dietrich Bonhoeffer, el pastor luterano alemán que se unió al movimiento de la resistencia durante la guerra para impedir que más gente fuera enviada a los campos, pero fue arrestado y ahorcado. Reflexioné en todos los brazos tatuados allí. Y de repente, todos los relatos de aquel lugar ya no me parecían distantes, desconectados o demasiado alejados de mi vida. Cada persona que murió durante el Holocausto parecía agolparse en torno a mí. Gente real, no simples números... del mismo modo que yo había dejado de ser meramente el expediente número 2508 de 1966. Una vez yo también había sido solo un número. La opresión que estas personas afrontaron se volvió tangible.

La historia siempre tiene un contexto. Muchos cerraron los ojos y permitieron que esto ocurriera a su alrededor. Siguieron adelante con su vida cómoda mientras que a otros los arrancaban de su existencia normal y los enviaban a un infierno en la tierra, torturados, atormentados y asesinados por la única razón de su herencia, sus genes, sus asociaciones. *¿Qué hubiera hecho yo?*, me pregunté. *¿Habría reunido el valor suficiente para enfrentarme a los nazis? ¿Habría arriesgado mi vida por salvar a otros?*

Mencioné en el capítulo uno que experimenté un momento similar al de *La lista de Schindler* cuando me senté con Mary, Nadia y otras doce mujeres rescatadas del tráfico humano en Grecia. Sin embargo, también sentí algo parecido, algo increíblemente poderoso, en esta ocasión casi dos años antes de ese momento, mientras me encontraba en Auschwitz, un entorno sumamente adecuado para una experiencia semejante. Sentí un potente e inquebrantable convencimiento de que no podía continuar permaneciendo al margen. ¿Sería capaz de perseverar incluso hasta la muerte como hizo Bonhoeffer? No lo sabía. Lo único que tenía claro era que ya no podría volverle la espalda al sufrimiento humano, a la injusticia, a aquellos que lloraban de dolor y terror. Tenía que levantarme y hacerme oír.

Elevé la mirada al cielo y susurré una oración, una promesa. «Dios, ayúdame a no cerrar mis ojos al horror de otras personas y a no ignorar la injusticia. Ayúdame a luchar contra la iniquidad que aborreces, valorar a los seres humanos y defender a los que han sido silenciados. Dios, me has amado, escogido y sanado, y quiero ayudar a que otros sean liberados. Si algo como esto —cualquier cosa— ocurre durante mi vida, ayúdame a no cruzarme de brazos y fingir que no me concierne».

Entonces sentí que Dios me decía algo directamente a mí: *Christine, ahora mismo, en todo el mundo, algo como esto está ocurriendo en demasiadas vidas. Te voy a despertar a cosas que no sabes que están sucediendo.*

Mi amiga y yo abandonamos Auschwitz ese día con mucha carga en el corazón. Obsesionada por los horrores del campo de concentración, ya nunca sería la misma. Fue como si Dios me diera un codazo para despertarme y que no transitara por la vida como una sonámbula, para que abriera los ojos a la pesadilla viviente de otros.

«TENGO MÁS COSAS DE LAS QUE TE TIENES QUE OCUPAR»

Siempre había sentido gran entusiasmo por mi trabajo como evangelista. Me encantaba enseñar y predicar, llevarles las buenas nuevas de Cristo a las personas. No obstante, ahora, aunque desconocía de qué se trataba, sabía que había algo más. Sentía que Dios me llevaba más profundo, agitando algo en mi interior que había conocido de forma intuitiva, pero nunca entendí. No hay distinción entre predicar y hacer algo por Jesús. Son alas del mismo avión de la fe. «La fe sin obras está muerta» (Santiago 2.26).

Siempre me había imaginado que aquellos que luchaban por

la justicia, como los héroes sobre los que escriben los libros, eran otro tipo de personas que vivían en otro tiempo. Aunque había estudiado sobre el Holocausto y otros acontecimientos horrendos, los percibía como sucesos lejanos en tiempo y lugar. Con otras atrocidades me ocurría lo mismo: el genocidio de Ruanda en 1994, durante el cual se estima que ochocientas mil personas fueron asesinadas en masa en tan solo cien días; el de Camboya, en cuyo transcurso murieron casi dos millones de personas mediante ejecuciones políticas, la inanición y el trabajo forzado. Hasta aquel día en Auschwitz. Dios tuvo que acercarse a mi vida y despertarme al dolor de otros antes de que pudiera sentir la poderosa necesidad de ir... antes de que pudiera *querer* ir, en lugar de sentirme obligada como Eeyore en los cuentos de *Winnie the Pooh* que les leía a mis niñas. «Oh, Dios mío, es hora de levantarse. Creo que debo ponerme a trabajar».

Después de Auschwitz, algo cambió. Era más consciente de la necesidad de luchar por la justicia de un modo que nunca antes había percibido. Me sentí vigorizada para esforzarme en aquello que Dios me estaba llamado a hacer.

Jesús proclamó: «El Espíritu del Señor está sobre mí, por cuanto me ha ungido para anunciar buenas nuevas a los pobres. Me ha enviado a proclamar libertad a los cautivos y dar vista a los ciegos, a poner en libertad a los oprimidos» (Lucas 4.18). Esta Escritura me impactó como nunca antes. La palabra *mí* siguió resonando en mi corazón. El Espíritu del Señor estaba sobre *mí*. *Me* había ungido. Sentí que se me pediría algo nuevo a *mí*, no a otra persona. Con frecuencia había incluido este mismo versículo en mi enseñanza, utilizándolo para alentar nuestra responsabilidad corporativa como iglesia a fin de liberar a las personas. Sin embargo, a raíz de mi visita a Auschwitz, algo despertó dentro de mí que cambió internamente el énfasis del *nosotros* al *mí*. Parecía que Dios estaba diciendo: *este nuevo amor y este nuevo sentido de propósito que he puesto en ti tienen un motivo. Levántate. Prepárate. Tengo más cosas de las que te tienes que ocupar.*

Dios quería que me levantara y estuviera dispuesta a ir, como lo hizo Jesús a mi favor... por amor, caminando completamente despierta a través de este mundo, percibiendo a un prisionero con el anhelo de ser libre, y luego a otro, y a otro. Dios no quería que me quedara en la cama descansando mientras la batalla ruge a mi alrededor, librada por otros. Deseaba que fuera, y que me mostrara *inconmovible*. Hay muchas cosas que nos amilanan en el mundo y debemos vencer: necesidades, enemigos y obstáculos desalentadores. Solo los inconmovibles —inconmovibles *en Cristo*— serán capaces de triunfar sobre ellas.

Esto es lo que Dios quiere de mí.

Y espera lo mismo de ti.

DESPERTADA Y ALARMADA

Aquel día, mis ojos se abrieron y vieron que cuando no hacemos nada ante el dolor de otros, aumentamos su sufrimiento. Mientras que antes consideraba que los acosadores pertenecían a otro lugar, otro tiempo, ahora me veía de pie junto a ellos, entretanto los que sufrían nos miraban fijamente. Los oprimidos no ven demasiada diferencia entre aquellos que los pisotean y los que no hacen nada por ayudar. No existe un punto intermedio.

Nosotros, que vivimos en condiciones privilegiadas, no nos preocupamos por la supervivencia básica. No vivimos temiendo por nuestra seguridad durante las sencillas tareas de la vida cotidiana. Sin embargo, una gran parte de la humanidad no vive de este modo. El mundo del siglo veintiuno no está bien. Sequía, guerra, esclavitud, drogas, inundaciones, terremotos, terrorismo, violencia, dolencias, falta de ayuda médica, injusticias debido al género o la raza, embargos, enfermedades, deudas, hambruna, inflación descontrolada, fallos en el ejercicio de la ley, condición de refugiados, emigración forzada... los problemas alrededor del globo son muchos y variados. Los alimentos, el agua, la seguridad y la protección no son más que sueños para demasiadas personas, la carencia de ellos una pesadilla diaria. Son muchas las personas en la tierra que pasan sus días intentando simplemente seguir con vida.

Seres humanos como tú y yo, creados a la imagen de Dios,

sufren y se encuentran atrapados por todo el mundo en estos momentos. ¿Te sientes desconectado de estas tragedias infligidas sobre personas de todo el mundo solo porque muchas de ellas viven en países diferentes, en algún lugar «por ahí», o porque solo oyes hablar de ellas en los programas informativos de la televisión o la radio? En un tiempo a mí me ocurría lo mismo, pero desde aquel día ya no pude continuar pensando así. ¿Con cuánta frecuencia, como yo solía hacerlo, has cambiado de canal con el mando a distancia cuando la cadena que estabas viendo te confronta con una desagradable tragedia, o incluso apagas el televisor no vaya a ser que te haga sentir un poco culpable? Las personas que viven en estas situaciones no pueden apagar su dolor ni la realidad de sus circunstancias con la facilidad que nosotros apagamos nuestros televisores. ¿Cómo pude haber pensado que esto no tenía nada que ver conmigo? ¿Acaso Dios no ama a esas personas solo por vivir en un país diferente? ¿Él no los escogió porque tienen la piel de otro color? ¿No podría Dios curarlas y darles una vida mejor que la del pasado? ¿Será que no le importan tanto como yo, o como tú? ¿Tal vez Dios no conoce sus nombres como sabe el mío? ¿Desconoce su dolor o su temor? ¿No tiene Dios un destino previsto para cada uno?

Todos conocemos la respuesta. «Les aseguro que todo lo que hicieron por uno de mis hermanos, aun por el más pequeño, lo hicieron por mí», afirmó Jesús (Mateo 25.40).

Si todo lo que he estado predicando sobre Dios durante años era cierto, ¿por qué no podía, quería o me decidía a ir y hacer algo? Por supuesto que no podría hacerlo todo, pero ya no sería capaz de quedarme sin hacer nada. ¿Qué esperaba?

¡Cuán dormidos hemos estado! Nuestra desconexión no alivia los abusos y las injusticias de este mundo.

Una gran cantidad de personas se enfrentan a la opresión en el mundo de muchas maneras distintas. Se encuentran atrapadas por el miedo, atascadas en lugares horribles, son despojadas de su identidad y sus pertenencias, aisladas y privadas de sus derechos. Madres y padres solteros intentan crear su propia familia solos, asumiendo ambos los papeles de cuidador, proveedor, agente disciplinario, conductor de taxi, administrador del hogar, compañero de juegos, líder espiritual, hasta que acaban exhaustos, trabajando hasta morir en espíritu, agotados y desfallecidos emocionalmente. Muchos están solos, teniendo todo lo necesario para vivir excepto compañía, aislados, atormentados, sin descanso, ansiosos, desesperanzados, temerosos. Otros se preguntan cómo van a pagar su hipoteca o la escuela de sus hijos. Se preguntan si a alguien le preocupa que vivan o mueran. Los niños fugitivos buscan amor, una próxima comida y un lugar seguro donde dormir, siempre asustados y sufriendo, sin esperanza. Los adictos son rehenes de la droga o la botella, sumidos en una humillante búsqueda de los medios para conseguir esas cosas, experimentando un vacío y la vergüenza en sus momentos de lucidez, sujetos a los horribles cambios que las drogas le infligen al cuerpo y la mente.

Yo había estado dormida. Ahora Dios me había despertado para que pudiera levantarme, dispuesta a llevar a cabo aquello que me llamaba a hacer.

LOS OJOS BIEN ABIERTOS, LA FE ACTIVADA

El apóstol Pablo les escribe a los efesios: «Despiértate, tú que duermes, levántate de entre los muertos, y te alumbrará Cristo. Así que tengan cuidado de su manera de vivir. No vivan como necios sino como sabios, aprovechando al máximo cada momento oportuno, porque los días son malos» (Efesios 5.14–16).

Cuando estamos dormidos, la injusticia y el dolor pueden campar a sus anchas por toda la tierra, pero es posible que ni siquiera veamos o conozcamos la pesadilla que otro está viviendo. Una vez que despertamos, podemos ver el mal y responder. Estamos en pie, alertas, preparados para dar el primer paso o el siguiente, listos para producir un cambio.

¿Qué significa exactamente estar en el mundo despiertos, con los ojos bien abiertos y la fe activada?

Miramos a nuestro alrededor

Cada día, en nuestra rutina habitual existen situaciones que requieren que seamos la luz de Cristo en la oscuridad. Despertar espiritualmente no consiste solo en participar en los esfuerzos transformadores de vida de importancia mundial, como detener un genocidio. Se trata de caminar a través de nuestra vida bien despiertos. Supone estar preparados en el lugar donde nos encontramos, con lo que tenemos. Quiere decir ver a las personas en el sitio donde están y suplir sus necesidades.

Para algunos de nosotros esto significa ser un mejor cónyuge y padre, un vecino más amable, un miembro más comprometido en la iglesia. Equivale a ver más al mundo con los ojos siempre despiertos de Dios y ser las manos y los pies de Jesús dondequiera que vayamos. Representa hacer lo que podamos a fin de detener horribles injusticias como el genocidio o el tráfico humano.

Para cada uno de nosotros, estar dispuestos supone apreciar a nuestros vecinos, entender las carencias que tenemos directamente delante de nosotros y atender cualquier necesidad que se presente. Significa ofrecerle comprensión al camarero del restaurante que olvida entregar nuestra orden y nos hace esperar otros quince minutos antes de traernos la comida.

¿Quién de entre nosotros no puede privarse, en verdad y fácilmente, de dos cafés a la semana para apadrinar a un niño a través del programa misionero de la iglesia?

Estar de pie y dispuesto puede querer decir regalarle una tarjeta de Starbucks o pagarle el almuerzo a una amiga que acaba de perder su empleo, ofrecerse para hacerle algunas compras a una vecina confinada en su casa con un bebé recién nacido que grita, tomarse el tiempo de escuchar a una amiga que tiene el corazón roto porque acaban de diagnosticarle un cáncer a su marido. Puede incluso suponer revisar tu armario y donar algo de ropa al albergue local de mujeres.

Cuando estás completamente despierta, cuando te encuentras en pie y preparada, descubres que se te han estado pasando por alto algunas grandes maravillas.

Buscamos a Dios para verlo intervenir a nuestro alrededor

Dormidos, nos perdemos la emoción de ver a Dios manos a la obra. Es como aquella vez en que Nick y yo llevamos a las niñas a

Disneylandia y Catherine se quedó dormida justo antes de la exhibición de fuegos artificiales nocturnos. Había estado esperando todo el día para ver el espectáculo en el cielo aquella noche. Sin embargo, habíamos disfrutado de tantas cosas y maravillas, que por la noche ya estaba cansada. Así que la dejamos que se entregara al sueño.

Más tarde, cuando el espectáculo en el cielo ya había acabado, se despertó en el momento en que regresábamos al estacionamiento para volver a casa. «Mami», lloró, «¿por qué no me despertaste?».

Después de Auschwitz, no quería desaprovechar las sorprendentes maneras en que Dios podría usarme y también a otros para cambiar nuestro mundo, para ayudar de forma activa a moldear su historia sobre la tierra, a hacer las buenas obras que él creó para nosotros desde el comienzo de los tiempos. Jesús oró a su Padre: «No te pido que los quites del mundo, sino que los protejas del maligno. Ellos no son del mundo, como tampoco lo soy yo. Santifícalos en la verdad; tu palabra es la verdad. Como tú me enviaste al mundo, yo los envío también al mundo» (Juan 17.15–18).

Antes de despertar, podría haberme perdido la maravilla que experimenté un viernes por la tarde cuando me estaba exasperando en la caja del supermercado por la lentitud de la cajera, una chica joven. Me quejé para mis adentros: *¿no puedes darte un poco de prisa?*

Dios escuchó mi pregunta silenciosa y me dio un codazo. *Christine*, le oí decir, *esa muchacha tiene un aborto programado para el lunes.*

Yo me sentí desconcertada. *Dios, ¿pero qué puedo hacer? ¡Ella ni siquiera me conoce! ¡Va a pensar que estoy loca si le hablo sobre eso!*

No obstante, Dios me empujó más fuerte, esta vez fue más como un empellón: *si eres mis manos y mis pies sobre la tierra, entonces haz lo que yo haría. Haz todo lo que puedas para que la gente sepa que no los he abandonado. Yo haré el resto.*

Miré de nuevo a la chica que escaneaba los artículos del cliente que estaba delante de mí. De repente, ya no veía al alguien que me estaba retrasando, sino a una muchacha que quizás se encontraba asustada, preocupada con un millón de preguntas, que sufría, frustrada por tener que llevar a cabo sus tareas habituales cuando algo tan importante y que cambiaría su vida estaba ocurriendo en su interior.

Oré, esperando que Dios me diera las palabras adecuadas. De pronto, lo que me había parecido la compra de todos los días adquirió una relevancia mucho mayor. ¡Había mucho en juego! Incluso sentí un breve ataque de pánico: *¿qué tal si me he equivocado? ¿Qué ocurrirá si me he confundido creyendo haber oído la voz de Dios? No quiero herir a esta muchacha ni ser presuntuosa. ¿Es esto lo que significa estar despierto?*

Cuando llegué a la parte delantera de la fila, le sonreí a la chica mientras ella escaneaba mi compra. Le dije en voz baja: «Perdóneme. Sé que tal vez pensará que estoy loca, pero solo quiero que sepa que lo que tiene programado para el lunes no es la única opción. Hay otro camino. No tiene por qué hacerlo».

La muchacha me miró. Empezó a llorar.

«Todo irá bien», la tranquilicé. «¿Quiere que hablemos sobre esto cuando termine de trabajar?».

Se secó las lágrimas. «Sí», contestó. «Sí».

Le pregunté su nombre.

«Katia», me respondió. «Acabaré en un par de horas».

Quedamos en reunirnos en cierto lugar y salí del establecimiento sabiendo que Dios acababa de despertarme a algo extraordinario.

Más tarde, después de conversar con Katia, me di cuenta de que Dios me había impulsado para que ayudara a salvar una vida. Me había despertado para que fuera sus manos y pies, porque por todas partes hay gente que sufre y muere. Nunca más volví a ver a Katia después de aquella tarde, pero me permitió que orara por ella y le diera una lista de alternativas al aborto, con información de contacto. Y me dio la impresión de que esta chica había llegado a la conclusión definitiva de que Dios era real. ¿Cómo si no le podía haber hablado alguien abiertamente de lo que ella había estado ocultando? Se trataba de un milagro. ¿Cómo podría dudar Katia de que existía un Dios en el cielo que le dijo a una mujer en la tierra lo que estaba ocurriendo en la vida de otra persona, de modo que pudiera hacerle saber cuánto la amaba y que no estaría sola?

Aquella tarde, Katia se sintió *escogida* y esto cambió por completo la decisión que estaba a punto de tomar. Me percaté de que Dios me había necesitado allí aquella tarde. Y precisaba que estuviera despierta y preparada. ¡Cuántas cosas me perdería, como Catherine cuando se durmió durante los fuegos artificiales, si vivía mis días como una sonámbula!

EN BUSCA DE OSCURIDAD

En cierta ocasión, en un establecimiento Walmart, Nick y yo le compramos a Sophia una linterna para su uso personal. Ella encendió la que según nuestra opinión funcionaría mejor a fin de probarla. No obstante, ninguno de nosotros pudo ver ni un pequeño resplandor. La iluminación fluorescente de la tienda era demasiado brillante y opacaban la exigua luz de la linterna.

«Oh, mamá», suplicó Sophia, «¿podemos ir en busca de un poco de oscuridad?».

¿Podemos ir en busca de un poco de oscuridad?

De la boca de los bebés brota la sabiduría de Cristo.

La oscuridad está en todas partes. Vivimos en un mundo lleno de temor que necesita luz. Ninguno de los que estaban conmigo aquel día sentados en una casa segura de Grecia, escuchando a Nadia, Mary y las demás chicas rescatadas del tráfico humano relatar sus historias de traición, horror, violación y asesinato, podría dudarlo. Ninguna criatura que hubiera experimentado como yo el abuso de adultos en los que confiaba lo hubiera dudado. Ningún adulto que pasara meses aguardando con euforia el nacimiento de un hijo muy amado y esperado, para luego acabar escuchando en términos fríos y clínicos: «Ya no está vivo», podría dudarlo. Tampoco podría hacerlo alguien que como yo hubiera estado en Auschwitz, contemplando los indecibles horrores cometidos allí. No, es evidente que la oscuridad está por todas partes.

Sin embargo, «ustedes son la luz del mundo», afirmó Jesús.

Una ciudad en lo alto de una colina no puede esconderse. Ni se enciende una lámpara para cubrirla con un cajón. Por el contrario, se pone en la repisa para que alumbre a todos los que están en la casa. Hagan brillar su luz delante de todos, para que ellos puedan ver las buenas obras de ustedes y alaben al Padre que está en el cielo (Mateo 5.14–16).

La luz disipa la oscuridad. La luz es un peligro para ella. La luz elimina la oscuridad. Las tinieblas deberían asustarse de la luz, porque la luz de Cristo las desvanecerá por completo. Así como la mañana le sigue a la noche, la luz de Cristo siempre llega. Como manos y pies suyos, somos la fuerza que conquista la oscuridad. Tenemos la verdad que barre todo temor.

Mantengan sus ojos en mí, dice Jesús. Su presencia en la oscuridad, frente al peligro más primario y grave, derrota al temor. Las Escrituras prometen: «El amor perfecto echa fuera el temor» (1 Juan 4.18). Y así es. No vemos el mal ni el peligro, sino a él, al amor y la luz. Y descubrimos algo que cambiará nuestra vida y la de todo aquel con que nos relacionemos.

Una vez que el temor ya no te controla y Cristo camina a tu lado, eres inconmovible y estás ansioso por encontrar alguna oscuridad.

SEAMOS LA LUZ DEL MUNDO

El profeta Isaías dice: «¡Levántate y resplandece, que tu luz ha llegado! ¡La gloria del SEÑOR brilla sobre ti! Mira, las tinieblas cubren la tierra, y una densa oscuridad se cierne sobre los pueblos. Pero la aurora del SEÑOR brillará sobre ti; ¡sobre ti se manifestará su gloria!» (Isaías 60.1–2).

La gloria de Dios está sobre nosotros. Puede irrumpir en la noche más oscura. Está en nosotros preparada para estallar y vencer a las tinieblas. Esto es lo que hace la luz. Hace desaparecer las tinieblas. Derrota lo negro, lo domina, lo devora y lo carcome. Por ello, Dios nos trae cada nueva mañana. Sin embargo, aunque la luz y el poder sean de Dios, él quiere que participemos juntos en la tarea de llevar luz a los lugares oscuros, donde los opresores hacen todo lo posible por recluir a las personas en las tinieblas.

Las necesidades de este mundo pueden agotarnos y cansarnos,

Dios lo sabe bien. Necesitamos dormir, descansar, restaurarnos y recuperarnos. Por este motivo Dios nos da el final de un día y no nos escatima el descanso. No quiere que acabemos con nosotros mismos y quedemos derrotados y esclavizados en un Auschwitz espiritual, atormentados, pensando que es *el trabajo que hacemos* lo que nos libera, de manera que tengamos que volver a la rutina de hacer y ser más. No, el no quiere que quememos la vela por ambos extremos y acabemos letárgicos, fatigados, consumidos y agotados. Actuar así es caminar hacia la mentira forjada en hierro sobre el arco de entrada a Auschwitz: ser prisioneros de la idea de que el trabajo nos libera. Esto no es lo que Dios quería decir cuando preguntó en Isaías 1.12: «¿Por qué este frenesí de sacrificios?» (*The Message*, traducción libre).

Esforzarnos en un frenesí o atormentar a otros haciéndolos trabajar hasta la muerte no es libertad. Es esclavitud.

Sin embargo, no somos esclavos, sino libres. Y hemos sido liberados para un propósito: compartir lo que se nos ha dado. La Biblia nos dice: «¡Ya se te ha declarado lo que es bueno! Ya se te ha dicho lo que de ti espera el Señor: Practicar la justicia, amar la misericordia, y humillarte ante tu Dios» (Miqueas 6.8).

Practicamos la justicia, amamos la misericordia y nos humillamos ante nuestro Dios cuando nos levantamos dispuestos, cuando nos ponemos en pie y vamos con Dios a participar en sus propósitos sobre la tierra. Algunos días, esto puede no significar más que hacer una docena de pequeñas cosas durante tu jornada: oír que el marido de nuestra vecina la ha abandonado y escucharla, llevarle un guiso y prestarle un hombro sobre el que llorar; ver el dolor en los ojos de la muchacha en la caja del supermercado; enterarse de que alguien ha perdido su trabajo y su casa y abrirle la tuya hasta que se recupere.

Y otros días puede tratarse de tareas mayores, más peligrosas.

En el libro de Ester, el rey Asuero se deja persuadir por un consejero y emite un edicto que condena a toda la nación judía a muerte. Ester, una judía que ha sido elegida por el rey Asuero para ser su reina, parece ser la única que puede convencer al rey de retirar la orden, y en verdad Mardoqueo la insta a hacerlo diciéndole: «¡Quién sabe si no has llegado al trono precisamente para un momento como éste!» (Ester 4.14).

Cuando viajaba en avión de regreso a casa tras mi visita a Auschwitz, me sentí igual: ¿quién podía decir que no había nacido en una sociedad razonablemente rica y libre para un momento como este? Para un tiempo en que pudiera ver la injusticia y la acuciante necesidad tan comunes por todo el mundo y levantarme a fin de combatirlas.

Tú y yo tenemos oportunidades cada día de luchar contra la oscuridad y el mal que nos rodean en todos los países, en cada rincón del mundo. En realidad, las ocasiones son innumerables y las necesidades desesperadas.

Permite que mi momento similar al de *La lista de Schindler* provoque otro igual en ti. Como Dios me recordó aquel día estando en Auschwitz: por difícil que resulte de creer, los crímenes contra la creación de Dios, contra la humanidad, no son menos atroces hoy que en aquellos días en que los hornos ardían en Auschwitz, ni quienes los perpetran son menos crueles. El genocidio, la esclavitud, el asesinato, la violación, la explotación de los indefensos, todas estas cosas existen en todo el mundo y no solo en los campos de concentración. Y existen ahora y no únicamente forman parte de la historia.

Quien salva una vida salva al mundo entero.

La oscuridad nos rodea y va creciendo. No obstante, *tú* eres la luz que combate esas tinieblas. Así como lo soy yo. Juntos, con la ayuda de Dios, venzamos la oscuridad de una vida. Y luego otra más, y otra más…

capítulo 9

Interrupción divina

«Los pasos del hombre los dirige el Señor» (Proverbios 20.24). Estaba a punto de descubrir, si es que no lo sabía ya, la absoluta veracidad de este versículo.

Fue en el año 2007, veintiún meses antes de la reunión en la casa segura con Mary, Nadia y las demás mujeres rescatadas del tráfico humano en Grecia que he mencionado al principio del libro. Desconocía casi todo sobre la trata de personas, y tampoco tenía el asunto en mente cuando volaba en dirección a este país. Hacía mucho tiempo que anhelaba ministrar allí y ahora tenía la oportunidad: me habían invitado a hablar en una conferencia para mujeres. Sentía un maravilloso entusiasmo por ello...

...y no tenía la más mínima idea todavía de que Dios tenía algo mucho más importante en mente.

Había desembarcado del avión en Thessaloniki, dispuesta a agarrar mis bolsos y llegar a la habitación del hotel para darme una ducha, comer y dormir un poco. Después de todo, el viaje desde Australia (vía Singapur y Londres) dura treinta y tres horas, y todavía no domino el arte de dormir sentada, con un niño gritando como música de fondo. Sin embargo, la cinta transportadora del equipaje giraba y giraba vacía: no había ni una maleta, bolso o caja a la vista.

¿A qué se deberá la demora?, me pregunté. *¿Dónde están nuestras maletas?* Dirigí una mirada a mis compañeros de viaje, los cuales tenían cara de sueño. No éramos muchos. Se trataba del último vuelo de la noche en aquel aeropuerto. Los demás pasajeros comenzaron a caminar de un lado a otro, impacientes, arrastrando los pies; algunos fueron a buscar ayuda. Mi estómago gruñía, recordándome que no había comido desde hacía varias horas.

«Señoras y señores», anunció una voz detrás de mí. (Esta fue una de esas veces en que he estado agradecida de haber aprendido a hablar griego antes que inglés.) «El equipo transportador que descarga su equipaje desde el avión tiene una avería. Estamos trabajando para repararlo lo más pronto posible. Mientras tanto, estamos descargando las valijas manualmente. Tardaremos al menos otra media hora antes de colocar todas sus pertenencias en la cinta transportadora. Gracias por su paciencia».

Se escucharon gemidos de disgusto por todas partes. Era comprensible. Yo también estaba cansada. *Sin embargo*, me recordé a mí misma, *¡estaba en Grecia!* Esta visita era un sueño hecho realidad. Durante casi veinte años había estado orando por la oportunidad adecuada de trabajar con la iglesia en ese país, y sabía que esta conferencia de mujeres lo era. Siempre había sentido un profundo amor y pasión por esta nación, los cuales excedían incluso mi entusiasmo por el queso feta y las aceitunas. Después de haberme subido a cuatro aviones y haber hecho escala en cuatro aeropuertos del mundo, estaba a punto de realizar algo por lo que había estado trabajando y con lo que había soñado mucho tiempo. *¡Qué importa media hora más!*, pensé. *¡Estoy aquí!*

Las personas que estaban a mi alrededor no se mostraron tan afables. Algunos pasajeros se apartaron de la cinta transportadora protestando, probablemente en busca de café o un restaurante, aunque a esas horas no había nada abierto. Otros se dejaron caer extenuados en los rincones, obviamente molestos por la inconveniencia y volviendo a sus propias conversaciones silenciosas.

Cansada de estar sentada y desesperada por estirar las piernas, caminé alrededor de la pequeña zona de recogida de equipaje. Este aeropuerto necesitaba una seria renovación. La pintura se desprendía de las paredes. Las esquinas estaban raspadas por los muchos golpes con las maletas y los carros de equipaje. Todo parecía muy viejo. *No es de extrañar,* me dije, *que el equipo de descarga de equipaje se haya averiado. No creo que hayan hecho nada para mantener este lugar desde que el apóstol Pablo llegó en barco.* Sonreí ante mi propia broma... mi primera sonrisa desde que aterrizamos.

Fue entonces cuando me percaté de una serie de carteles pegados a lo largo de una pared, cada uno mostrando fotografías de hermosas niñas y mujeres jóvenes. Una palabra escrita en letras mayúsculas los cruzaba de arriba abajo.

Desaparecida

En el mismo medio se hallaba el dulce rostro de grandes ojos de Madeleine McCann, de tres años de edad, la preciosa pequeña que desapareció de su cama en Portugal y sobre la cual los medios internacionales no habían dejado de informar durante meses.[1]

Se me desgarró el corazón. Pensé en mis dos hijas. Madeleine tenía una edad comprendida entre mi primogénita, de cinco años, y mi bebé, de catorce meses. Ahora en casa sería temprano por la mañana. Ellas estarían despertándose. *Oh Dios,* oré, *vela por su seguridad. Protege nuestro hogar.*

Volví a mirar la fotografía de Madeleine y pensé en sus padres, cuando descubrieron al despertar que su hijita yo no estaba en su cama donde ellos la habían colocado, observando cómo caía en un inocente sueño. La palabra *desaparecida* debajo de su foto me encogió el corazón. Oré por aquel retrato antes de pasar al siguiente cartel, otra niña pequeña. Y otra. Todos los carteles parecían iguales, aunque cada rostro me impactaba grandemente: *esta parece muy serena. Esta otra está llena de vida. Oh, esta es tan pequeña.*

A cada persona desaparecida se le había asignado un número de caso y un contacto policial; cada cartel contenía instrucciones de lo que se debía hacer si alguien localizaba de verdad a la persona de la foto. No había más información: no se decía si a esa niñita le gustaban las muñecas o si aquella joven cantaba de maravilla; si esta era inquieta o a aquella le gustaba dar vueltas y vueltas. *¡Cuántas cosas quedan por decir en estos carteles!*, pensé. *De todas formas, ¿qué quiere decir «desaparecida»? ¿Habían secuestrado a esa niña, como se sospechaba en el caso de Madeleine? ¿Se la habían llevado y la habían asesinado?* Me estremecí e intenté apartar de mi mente esa idea. *¿Se habría escapado esta otra? ¿Tal vez se produjo un desastre natural que enterró a algunas de esas niñas bajo los escombros? ¿Habrían tomado a esta otra como rehén?*

Durante más de treinta minutos fui pasando de un cartel a otro, estudiando los rostros, preguntándome cómo me sentiría si una de mis hijas desapareciera. Era un pensamiento insoportable. Sentía la imperiosa necesidad de abrazar a mis niñas y apretarlas contra mi pecho. *Estas fotografías deberían estar puestas en hermosos marcos sobre la repisa de la chimenea, en las páginas de un álbum familiar, o sobre una mesita del salón,* pensé. *No deberían estar aquí, fríamente pegadas con cinta adhesiva en la descascarada pared de un aeropuerto.*

De repente, el golpe y el retumbar de la cinta transportadora del equipaje interrumpió mis pensamientos.

«¡Por fin!», exclamaron varios pasajeros a coro.

Me volví para ver cómo la zona de recogida de equipaje recuperaba de nuevo la vida. Esperé mientras todos los demás recuperaban sus pertenencias, y justo cuando había abandonado toda esperanza de volver a ver mis bolsos, allí estaban.

ME FALTA ALGO

Tan pronto como salí de la zona de recogida de equipaje, Maria y su esposo Dimitri, los pastores anfitriones de la conferencia, se apresuraron a agarrar mis bolsos, disculpándose por el retraso y asegurándome que pronto disfrutaría de un banquete que me haría olvidar aquel inconveniente. Al verdadero estilo griego, una comida era la respuesta a cualquier problema y el remedio más rápido para el malestar provocado por el cambio de horario.

De modo que nos desplazamos hasta un restaurante donde nos aguardaban varios líderes de su iglesia a fin de darme la bienvenida con su comunión y una comida. *Está claro que cenaremos a media noche*, pensé, sonriendo de nuevo. *¡Estoy en Grecia!* Aunque me sentía tremendamente cansada, no deseaba ofender a mis anfitriones. Me habían enseñado a respetar las costumbres de las personas en cualquier lugar que visitara, así que solo tendría que recuperar un poco de fuerzas.

Durante la cena conversamos sobre el estado de la iglesia en Grecia y mis nuevos amigos compartieron cómo esperaban que esta conferencia fuera un momento decisivo para las mujeres de su ciudad. No obstante, a medida que discutíamos los detalles de la semana que teníamos por delante, descubrí que mi mente regresaba a los carteles del aeropuerto. Los rostros de aquellas niñas y mujeres jóvenes seguían interrumpiendo mi pensamiento. Tomé mi taza de café y apoyé su superficie caliente en mi mandíbula y mejilla durante un instante. Llegó un momento en que ya no pude aguantarme más. Tenía que formular la pregunta que me quemaba por dentro desde hacía más de una hora.

—¿Han visto todos esos carteles en el aeropuerto de personas desaparecidas? —pregunté.

—Sí —respondió Maria.

Todos los demás asintieron.

—¿Cómo es que hay tantas niñas y mujeres jóvenes desaparecidas?

—Mmm —contestó Maria, tragándose rápidamente el bocado que acababa de meterse en la boca—. Sospecho que las secuestraron, algo que parece ocurrir con frecuencia en estos días. Es muy trágico.

Hizo una pausa y añadió:

—No sabemos qué más podemos hacer sino orar por ellas.

Unos pocos segundos de silencio siguieron a su comentario, y después la conversación volvió al tema de la conferencia. Me uní a ellos, aunque no conseguía apartar de mi mente los rostros de aquellos carteles. Había venido a ministrar a las mujeres de Grecia que asistirían a esta conferencia, y me sentía entusiasmada por ello... pero las caras de todas aquellas que no estarían en la conferencia conmovían mi corazón e interrumpían mis pensamientos.

Las caras de las desaparecidas.

NO ES TRABAJO, ES ALGO PERSONAL

Unas cuantas horas después, en la oscuridad de la madrugada, me desperté de repente, sobresaltada. Abrí los ojos y parpadeé, aunque estaba agotada. Tardé un minuto, en medio de mi confusión por el cambio de horario, en reconocer dónde me encontraba: *la habitación del hotel. Sí. Thessaloniki.* Yo misma me había despertado de tanto moverme. Acomodé la almohada y me di la vuelta para intentar quedarme dormida de nuevo.

No obstante, en vez de ello, mi mente seguía mostrándome los rostros de los carteles. Se había acabado el sueño por esa noche. Me incorporé y retiré la ropa de cama. Dios parecía querer mi atención, y ya la tenía.

A mi mente acudía la historia de Jesús sobre el Buen Samaritano, ya que iba a predicar acerca de ella en pocas horas. Me sabía el pasaje de memoria. Había leído una y otra vez esta historia en innumerables ocasiones durante los últimos meses para mis charlas en esta conferencia. *Pero vuelve a leerla de nuevo*, me instó Dios. De modo que me fui a Lucas 10.30–37:

> *Bajaba un hombre de Jerusalén a Jericó, y cayó en manos de unos ladrones. Le quitaron la ropa, lo golpearon y se fueron, dejándolo medio muerto.*

Pensé en las muchas personas que hoy en día están en la misma situación que este hombre. Lastimada y herida, la gente yace al borde de muchos caminos diferentes: relegada por el maltrato, las adicciones, los encarcelamientos, las perdidas, el hambre, la enfermedad, la violencia, la tiranía y la opresión. Personas quebrantadas por la injusticia y despojadas de sus pertenencias, su dignidad, su identidad y su autoestima.

Proseguí leyendo:

> *Resulta que viajaba por el mismo camino un sacerdote quien, al verlo, se desvió y siguió de largo. Así también llegó a aquel lugar un levita, y al verlo, se desvió y siguió de largo. Pero un samaritano que iba de viaje llegó adonde estaba el hombre y, viéndolo, se compadeció de él. Se acercó,*

le curó las heridas con vino y aceite, y se las vendó. Luego lo montó sobre
su propia cabalgadura, lo llevó a un alojamiento y lo cuidó.

¿Se acercó? Por alguna razón, a pesar de las muchas veces que
había oído esta historia, estas palabras jamás habían sonado como
lo hacían ahora. Volví otra vez a esa frase: *se acercó. Se acercó.* Como
un rollo de película que se repite una y otra vez, la idea hacía lo
mismo en mi mente.

Al principio no podía entender por qué esta única frase saltaba
con tanta fuerza ante mis ojos. A la defensiva, le pregunté a Dios:
«Señor, ¿acaso no me paso la vida acercándome a las personas quebrantadas? Después de todo, ¿no acabo de viajar durante más de
treinta y tres horas, cruzando el globo, para venir y comunicar vida,
esperanza y libertad a los que están espiritual y emocionalmente
atados y sin esperanza?».

Christine, vuelve a leer el pasaje, le oí susurrar al Señor.

Obedecí, y en esta ocasión leí con más lentitud. Esta vez fue
como si hubiera estado ciega todas las veces que había leído antes
esta historia, pero ahora podía ver. Pareció que en este momento
hubieran caído escamas de mis ojos.

Antes, siempre había pensado que yo era el Buen Samaritano.
Después de todo, era una evangelista itinerante que pasaba la mayor parte del año viajando, literalmente haciendo que mi trabajo
fuera acercarme a *ellos* (los quebrantados y los que morían en las
zanjas), quienes quizás se encontraban en un foso cavado por
ellos mismos, o tal vez echados allí por la crueldad de otros. Tenía
una agenda atiborrada, minuciosamente planeada, con todas las
audiencias y los destinos elegidos con gran esmero. Ahora estaba
leyendo entre las líneas del relato de Jesús y le oía preguntar: *¿pero*
qué me dices de aquellos a los que no has planeado acercarte, junto a los
cuales has pasado de largo durante años cuando ibas de camino hacia los
que habías escogido alcanzar? ¿Qué hay de las mujeres jóvenes y los niños
en los carteles del aeropuerto?

En ninguna parte de la historia de Jesús dice que el sacerdote
o el levita fueran malas personas. Sin embargo, era gente ocupada,
religiosa. Estaban tan atareados cumpliendo sus programas, sus

citas y sus compromisos, que acabaron pasando de largo delante de una persona a la que deberían haber ayudado. El hombre que yacía junto al camino suponía una *interrupción* en su ministerio en lugar de ser el objeto del mismo.

Oh, Señor, me pregunté a mí misma, ¿delante de cuántos carteles, en cuántos aeropuertos, he pasado de largo, viéndolos, pero sin darme cuenta? ¡No soy distinta del sacerdote que de camino hacia algún deber sacerdotal vio al hombre herido y magullado y sencillamente pasó de largo! ¿Qué diferencia hay entre el levita que miró, vio y siguió su camino y yo?

Entonces, el Señor me respondió: *Christine, la única diferencia entre el samaritano y los religiosos fue que este sí cruzó la calle. El samaritano estaba dispuesto a ver sus planes interrumpidos con tal de ayudar a aquel hombre. Se inclinó para levantar al que estaba quebrantado. Detenerse e inclinarse son cosas distintas. La compasión no es más que emoción... hasta que cruzas la calle. La compasión significa acción. Acércate a ellos.*

Tenía ganas de llorar.

En mi mente veía a Jesús, que no solo cruzó el camino desde el cielo hasta la tierra, que no solo se detuvo para ver nuestro dolor y sanar nuestras heridas, sino que se inclinó para llevar la cruz por nosotros, y nos miró, y cargó esa cruz hasta el monte donde lo clavaron a ella en nuestro lugar.

DETENIÉNDONOS ANTES DE INCLINARNOS

Durante mi visita a Auschwitz, relatada en el capítulo anterior, la evidencia de la increíble y abominable inhumanidad de unas personas hacia otros seres humanos me sobresaltó y me hizo despertar; me había sentido devastada y estremecida, inundada de compasión por aquellos que habían sufrido de una manera indecible en aquel lugar. Y aunque aquel día no había entendido por completo lo que Dios estaba haciendo en mí, vi por primera vez de forma clara y poderosa una multitud de necesidades por todo el mundo: penurias relacionadas con la injusticia, la pobreza, la opresión, las circunstancias o el desastre.

Ahora, Dios me estaba llevando a la siguiente fase. Una cosa es despertar a la injusticia y otra bien distinta es estar dispuesto a que te causen molestias y te interrumpan para hacer algo al respecto. Ahora Dios se hacía presente en mi vida no solo para que tomara conciencia, sino para interrumpirme y que dirigiera mis pasos a los necesitados con el fin de que, como hizo el samaritano, no solo me detuviera, sino me inclinara para ayudarlos.

Después de todo, había estado mirando fijamente los rostros de aquellos carteles en el aeropuerto. ¿Y cómo puede uno darse la vuelta y alejarse de los oprimidos y heridos una vez que ellos también te miran a los ojos?

No podía hacerlo aquella noche, sentada en la habitación del hotel con la Biblia en el regazo, con la historia del Buen Samaritano en mi cabeza y teniendo en mi corazón la imagen de Jesús subiendo a duras penas por el camino a la cruz. Y tampoco lo pude hacer a la semana siguiente, cuando embarqué en un avión para volar de regreso a casa.

Aunque no había vuelto a la zona de recogida de equipajes en Thessaloniki, los rostros de aquellos carteles habían quedado grabados en mi mente. Habían interrumpido mis pensamientos toda la semana y me acompañaban durante todo el camino a casa.

No podía seguir con «el ministerio como de costumbre». Seguiría las pisadas del samaritano, de Jesús. Llegaría a aquellos desaparecidos, solo que no tenía la más mínima idea de cómo ni cuándo, ni con qué.

Durante meses busqué respuestas. Hice llamadas telefónicas. Formulé preguntas. Llevé a cabo todo tipo de investigación. Descubrí que los rostros que había visto en aquellos carteles no pertenecían a personas desaparecidas de forma casual ni a fugitivos. Eran presuntas víctimas del tráfico humano.

Tráfico humano. El término mismo era muy desagradable, grave y demoledor. Ahora, en el momento de escribir estas líneas, las Naciones Unidas estiman que en la actualidad *veintisiete millones de personas* han sido engañadas, secuestradas, forzadas o tomadas *como esclavas* en toda la tierra… no son cifras de ayer ni de otra época, sino de ahora, de hoy. Veintisiete millones de individuos con rostros y familia, comprados y vendidos como productos y mercancías, sin voz, sin derechos. Comercian con ellos por dinero y sexo o trabajos forzados. *¿Cómo puede alguien llegar hasta todos ellos?* *¿Cómo puedo estar segura, Señor, de que me estás conduciendo a este profundo y oscuro foso, donde espera no un samaritano, sino veintisiete millones de esclavos? ¿Cómo puedo liberarlos a todos?* Este pensamiento justo acababa de formarse cuando tuve que reírme de mí misma. Después de todo, entre todas las personas, yo estaba familiarizada con lo que los números podían hacer. ¿No era yo el número 2508? ¿No había cruzado alguien la calle para verme y ayudarme? ¿Acaso no había oído alguien mi llanto, sentido mi dolor y escogido no seguir de largo, sino levantarme de mi quebranto hasta los amorosos brazos de Jesús?

Me negué a dejar que los números me abrumaran.

Eso es, sentí decir a Dios, impulsándome. *Y ya has ayudado a muchos que se encontraban en las zanjas delante de ti. Ahora cruza la calle hasta estos otros. Detente. Inclínate.*

Sí, admití. La interrupción divina es distinta a un despertar. Nueve meses antes de mi viaje a Thessaloniki, en Auschwitz, Dios me había conducido suavemente a un despertar. Ahora interrumpía el programa de mi ministerio para que pudiera hacer algo de mayor impacto. Había preparado más buenas obras para que yo las llevara a cabo si estaba dispuesta a ello. Me estaba mostrando que el samaritano no solo *se acercó* al quebrantado, sino que hizo mucho más: le proporcionó suministros médicos y transporte, y pagó por su recuperación. El samaritano, el verdadero prójimo, es el único que no solo da su tiempo, sino también su talento y su tesoro.

Estaba entusiasmada. Quería hacerlo. Yo, que había sido rescatada de un lugar oscuro y restaurada, podía ayudar a liberar a otros.

Y tan pronto recibí la inspiración de ir, empecé a pensar de inmediato en un centenar de razones por las que no era capaz, un centenar de motivos para *amilanarme*.

¿No es así la naturaleza humana? Nos sentimos estimulados a hacer algo y enseguida olvidamos la razón por la que somos capaces de hacer absolutamente cualquier cosa. Cuando descubrí por primera vez la magnitud del problema del tráfico humano por toda la tierra, como la mayoría de las personas, me sentí tan abrumada que empecé a recopilar una lista para Dios de todas las razones por las que yo, una madre de cuarenta años con dos hijas, que vivía en el otro extremo del mundo, no podía hacer alguna cosa que supusiera un cambio relevante en las estadísticas. Desconozco qué pueda incluir tu lista de «pero Dios». ¿Se encuentran estos pretextos en ella?

- Pero Dios, no sé lo bastante sobre el asunto.
- Pero Dios, no tengo la educación suficiente para implicarme.
- Pero Dios, no soy muy hábil.
- Pero Dios, ya tengo bastante por hacer.
- Pero Dios, tengo una familia.
- Pero Dios, es demasiado peligroso.
- Pero Dios, soy demasiado mayor para empezar algo nuevo.
- Pero Dios, soy demasiado joven para que me tomen en serio.
- Pero Dios, esto va a desequilibrar mi vida.

Pero Dios... y la lista sigue. ¿Te suena familiar? Es el mismo tipo de intimidante desconfianza en uno mismo —o solo meras excusas— con la que nos hemos estado dando de bruces a lo largo de todo el libro.

Quizás fuera una lista como esta la que hizo que el sacerdote siguiera su camino. *Pero no soy médico. No puedo ayudar. El desaliento de este hombre es tan grande que no sé cómo ocuparme de él. Debería recurrir a aquellos que sí lo pueden ayudar.*

Quizás el levita, que se acercó más, pensó lo mismo: *esto me supera. No soy lo suficiente fuerte para levantar a este hombre. No puedo cargar con él. No pertenezco a este mundo. Es necesario que permanezca centrado en lo que ya sé que Dios quiere que haga.*

Quizás notes un aumento en el número de embarazos entre las adolescentes de tu comunidad, pero eres madre de niñas de primaria y piensas: *de todos modos, yo no sé nada sobre adolescentes. ¿Por qué me iban a escuchar? ¿Cómo podría ayudarlas? Ni siquiera tengo tiempo de mantenerme al día con mi trabajo doméstico, ¿cómo voy a ponerme a buscar hogares o recursos para madres adolescentes y sus bebés?*

Quizás veas un anuncio televisivo que destaca la difícil situación de los niños que mueren de inanición en África y te preguntas:

¿qué cambio puedo lograr yo en el otro lado del mundo? ¡Si no hago más que intentar mantener a mis propios hijos en el buen camino!

¡Qué fácil resulta permitir que la profundidad del foso o la gravedad de la desolación detengan una buena obra, incluso antes de inclinarnos para hacerla! ¡Con cuánta frecuencia oramos que Dios nos use en su propósito, y cuando interrumpe nuestras vidas para contestar nuestra oración, le presentamos una lista de todas nuestras incapacidades!

En mi caso, protesté: *¿cómo puedo llegar a veintisiete millones yo sola?* Sin embargo, lo único que Dios preguntaba todo el tiempo sencillamente era: *¿cruzarás la calle y te acercarás a uno?*

Él no nos pide que crucemos la calle porque en verdad tenemos la capacidad de rescatar a la gente que sufre con nuestros propios medios. Nos lo demanda porque es él quien lo hace.

No nos pregunta: *¿eres capaz?* Él inquiere: *¿estás dispuesto?*

NO HAY DON DEMASIADO PEQUEÑO

Cuando Dios nos invita a cruzar la calle, nunca nos pide que vayamos solos. Él va con nosotros. Él va delante. Está a nuestro lado. Lo sabemos porque ha prometido que nunca nos dejará ni nos abandonará (Hebreos 13.5). La razón maravillosa (aunque fácilmente pasada por alto) de que podamos avanzar confiados e inconmovibles no es lo extraordinarios que somos... *¡sino lo fantástico que es el Dios que vive en nosotros!* «El que está en ustedes es más poderoso que el que está en el mundo» (1 Juan 4.4).

¿Qué significa esto para nosotros? Quiere decir que aunque podamos pensar que no tenemos suficiente tiempo, dinero, recursos o conocimientos prácticos para la tarea, Dios usará aquello con lo que contamos.

Es importante que recordemos esto, porque de otro modo llegaremos a convencernos de que nuestra contribución será tan pequeña, insignificante y hasta intrascendente, que decidiremos no hacer nada.

Jesús siempre ha utilizado cosas pequeñas para producir un gran impacto. En Mateo 14, usó el almuerzo de un muchacho para alimentar a cinco mil personas. Estoy segura de que si le hubiéramos preguntado aquella mañana al chico si traía suficiente comida para alimentar a toda la multitud, se habría reído: «¿Con cinco panecillos y dos pescados? ¡Si aquí hay miles de personas! Seríamos afortunados si nos tocara a cada uno una porción del tamaño de una pequeña piedrecita». De haber querido saber por qué le había ofrecido entonces su almuerzo a Jesús, es posible que hubiera contestado: «Quizás esté hambriento, y aunque no tenga suficiente para todos, sí hay bastante para una persona. Dejaré que él se coma mi comida».

Sin embargo, una vez que le entregó aquel pequeño regalo a Jesús, él lo utilizó para hacer algo que sobrepasaba lo que el muchacho hubiera podido imaginar o esperar. Y eso es exactamente lo que hace con nuestros pequeños dones.

Cualquier cosa que recibamos de Dios es lo que él nos pide que le demos a otro. Eso es lo que Jesús quería decir cuando ordenó: «Lo que ustedes recibieron gratis, denlo gratuitamente» (Mateo 10.8).

Vi el poder de esto en cierta ocasión en que mi hija Sophia y yo caminábamos por una calle abarrotada. Tenía un día muy ocupado, pero le había prometido que le permitiría acompañarme, un premio especial para ambas. Me hallaba en una carrera contra el reloj, ya que había decidido pasar por Starbucks antes de una reunión. Había estado muy ocupada aquel día, yendo de un lado a otro para cumplir con mis citas y hacer lo que tenía que hacer, de modo que necesitaba algo que me diera energía. Las imágenes de grandes tazas de espumosos capuchinos bien calientes bailaban en mi cabeza.

Sophia, por su parte, habría sido feliz solo con pasear y mirarlo todo: las exposiciones de las vitrinas, las flores en las macetas en la parte exterior de los edificios, los coches estacionados a lo largo de la acera. Sin embargo, yo tenía una misión.

De repente, me di cuenta de que la mano de Sophia ya no estaba en la mía. Tanteé el aire, buscándola, pero no tocaba nada. Me di la vuelta para ver dónde estaba.

Se había detenido solo unos pasos más atrás para arrodillarse en la acera junto a un hombre que parecía ser un vagabundo. Le estaba obsequiando el dólar que yo le había dado aquella mañana para que se comprara una golosina. Ella había guardado con todo cuidado el billete durante el día. Era un tesoro, un regalo inusual para un día especial con mamá, y había estado intentando decidir cómo lo gastaría en nuestra jornada en la ciudad. Ahora, sin vacilar, se lo estaba entregando a un extraño.

«Jesús me ha dado este dólar para que te lo entregue», dijo.

¡Con qué facilidad se había desprendido de algo tan preciado para ella! ¡Qué poderoso se volvió aquel simple dólar!

El hombre al que se lo dio se lo devolvió, las lágrimas resbalaban por su rostro. «Cariño», le dijo, «gástalo en algún caramelo para ti».

Había recibido algo mucho más precioso que el dólar de la niña. Sophia le había regalado su corazón… y mucho más. Le dio esperanza. Le recordó que hay bondad en este mundo, y gracia… aun de parte de un niño. Trajo a su memoria que Dios proveería incluso de las fuentes más pequeñas e inverosímiles. Sophia había cruzado la calle (o al menos se había desplazado hasta un lateral de esta) y Dios la había acompañado. Usó su mano abierta para abrir el corazón de un extraño. Se sirvió de su espíritu dispuesto aquel día para mostrarme que cuando damos lo que tenemos sin pensarlo demasiado, Dios —el Dios de la esperanza— proporciona todo lo demás.

CULTIVEMOS UN CORAZÓN QUE NOS HAGA CRUZAR LA CALLE

¿Cómo sabes si algo es una interrupción de Dios o una distracción de las buenas obras que vas camino a realizar? No siempre resulta fácil. Estos cinco hábitos me ayudan a saber cuándo el Señor me dirige a cruzar y ayudar al que está en la zanja:

1. Sé sensible al Espíritu de Dios

Antes de que los rostros de las chicas en los carteles me interrumpieran, yo ya era una esposa ocupada, madre y evangelista. No buscaba especialmente emprender ningún proyecto adicional. Sin embargo, después de mi momento con Dios en Auschwitz, cuando «desperté» a los sufrimientos, las necesidades y las heridas de otros alrededor de mí, transcurrieron nueve meses hasta lo ocurrido en el aeropuerto de Thessaloniki, mientras esperaba mi equipaje. Durante ese intervalo, dediqué tiempo cada día a estar con el Señor en su Palabra y en oración. Tuve la creciente e inevitable sensación todos aquellos meses de que él quería extender y ampliar mi vida. Dondequiera que iba empezaba a ver más gente en la zanja. Cuando miré los rostros de los desaparecidos en los carteles de Thessaloniki, ya sabía que la repentina urgencia que percibí de acercarme a ellos era más que un simple interés pasajero. Se trataba de Dios que me interrumpía.

Atiende a lo que Dios sigue trayendo a tu atención, a aquello con lo que interrumpe tus pensamientos y días. En estas cosas reconocerás su dirección.

No existe fórmula alguna para confirmar que cuando te sientes guiado de esa manera, lo que estás oyendo es la voz de Dios. No obstante, si delante de ti hay una necesidad de la que te puedes ocupar fácilmente, ¡hazlo por todos los medios! Si la interrupción es más significativa, hasta el punto de cambiar potencialmente tu vida, busca el consejo de tu pastor, un líder espiritual o un amigo de confianza.

Comprobarás que aquel que está en la zanja y al que se supone que debes ayudar suele hallarse junto al camino por el que ya te mueves. El samaritano cruzó la calle, socorrió al hombre maltrecho, y después de prestarle la ayuda necesaria, prosiguió su viaje. Cumplió su compromiso inicial, pero hizo tiempo para permitir la interrupción y ayudar a otro. Dios no me impidió que continuara siendo esposa, madre u oradora para que pudiera llegar a las víctimas del tráfico humano. Él preguntó si me dejaría interrumpir, y luego amplió mi capacidad y expandió mi esfera de influencia.

2. Vive alerta

Cuando somos la respuesta a la oración de alguien, con demasiada frecuencia solemos desaprovechar el momento. Estamos muy ocupados yendo a sitios y haciendo cosas, empeñados en cumplir nuestros programas. Por ejemplo, cuando cruzamos una calle, estamos enfocados en llegar al otro lado.

¿Qué pasaría si prestáramos un poco más de atención a la mujer mayor que lucha por bajarse de la acera? ¿O al sujeto que intenta mantener en equilibrio el montón de cajas que lleva en las manos cuando nosotros podríamos ayudarle con una o más? ¿Y si *buscáramos* a gente necesitada de ayuda en lugar de limitarnos a interesarnos en lo que queremos hacer o llevar a casa en el minuto siguiente?

Acoge cada interrupción con una pregunta: *Señor, ¿para qué me quieres aquí?*

3. Sencillamente, aprovecha el momento

Cuando te veas interrumpido, no le des demasiadas vueltas al asunto. Si vacilamos y damos la oportunidad, nuestras propias inseguridades, nuestros sentimientos de torpeza, nuestro horario y nuestra agenda pueden interponerse en el camino justo en ese momento de interrupción que Dios ha preparado para nosotros. Créate el hábito de:

- Dirigirle una palabra de aliento a alguien que esté a tu lado en una fila.
- Reconocer a una cajera, una camarera o un empleado de servicio por el nombre que figura en su placa, en lugar de tratarlo como si fuera tu criado.
- Mirar a los ojos de la persona a la que te diriges en cada situación.
- Responder con paciencia a un trato grosero, por mucho que te gustaría contestarle del mismo modo.
- Dejar caer un dólar en la lata del vagabundo o guarda monedas para donar a la recaudación de fondos de los niños del vecindario.

4. Ora por un cambio en tu corazón

Permite que Dios suavice continuamente tu corazón para que lata por lo mismo que el suyo: las personas. Él no quiere que llenemos nuestra vida de buenas obras vacías y obligatorias que apacigüen nuestra conciencia religiosa. Desea transformar nuestro corazón, porque de él fluyen todos los asuntos de la vida (Proverbios 4.23). Una vez cambiado, vemos cosas que nunca antes contemplamos, oímos llantos que nunca habíamos escuchado, y actuamos movidos por una compasión que no habíamos experimentado jamás.

Resulta muy fácil encerrarnos en un ciclo egoísta de *mi* tiempo, *mis* objetivos, *mis* planes. Sin embargo, pídele a Dios que te transforme a su imagen para ver lo que él ve, sentir lo que él siente amar como él ama. Él promete: «Les daré un nuevo corazón, y les infundiré un espíritu nuevo» (Ezequiel 36.26). En realidad, está diciendo: «Les quitaré ese corazón de piedra que ahora tienen, y les pondré un corazón de carne».

5. Mantente dispuesto

Siempre digo: «Benditos los flexibles, porque no se romperán en dos». La flexibilidad te capacitará para seguir estirándote y alcanzando a los que necesitan una mano ayudadora. Esto significa mostrar la suficiente adaptabilidad en tu vida y estar preparado para las interrupciones. No estructures tus días con tanta rigidez que le impidas a Dios trabajar contigo en medio de ellos.

¿Acaso no resulta fácil atiborrar tanto nuestro calendario que corremos de una actividad a otra, dejando tan solo el estudio bíblico del miércoles por la noche y el culto del domingo por la mañana en la iglesia como los únicos momentos de encontrarnos con Dios? Esto no es lo que él quiere, y tampoco lo que tú deseas. Tu anhelo es tenerlo a tu lado todo el día, y ese es el deseo de él también. Él quiere caminar con nosotros en cada momento de cada día, amándonos, dirigiéndonos, guiándonos… y sí, también interrumpirnos suavemente. Así que planea momentos para hablar con él, escucharlo, adorarlo y alabarlo.

No esperes para empezar. Pídele que ordene tus pasos, como promete en Salmos 119.133. Recuerda que dice en Salmos 37.23: «El Señor afirma los pasos del hombre cuando le agrada su modo de vivir». Vigila el camino que tienes por delante, pero también las zanjas, porque Dios busca interrumpir tu día como lo hizo con el samaritano.

Yo pensaba que Dios me había llevado a Thessaloniki para hablar en una conferencia y fortalecer a la iglesia allí. Sin embargo, él utilizó la pérdida momentánea de mi equipaje y un poco de sueño perdido para mostrarme cuál era el siguiente lugar donde me necesitaba. No solo interrumpió mi día, sino toda la dirección de mi ministerio. Me pedía que no me limitara a cruzar la calle, sino que pensara en cómo llegar a las personas desaparecidas, las chicas y las mujeres jóvenes de aquellos carteles, en los fosos más oscuros y escondidos del globo.

Las personas a las que se nos pide que vayamos no siempre están en la otra parte de la calle o alrededor del mundo. A veces están justo frente a ti o a tu lado, como lo estaba Katia en la caja del supermercado. ¿Y ese momento que no creemos tener que dar? Dios toma incluso lo que en un principio podemos ofrecer con renuencia y lo usa, a pesar del tiempo, en lo que es eterno. ¿Y el milagro que espera en aquella zanja? Aquello que poseía todo el tiempo era lo que debía darle a Sonia o a cualquier otra persona que encontrara en la zanja. Es lo que todos deseamos por encima de cualquier cosa. Esperanza.

capítulo 10

Enfrentamiento con los gigantes

«Espera, Nick». Hablaba por mi celular. «Están haciendo un anuncio y no te oigo». Bajé el teléfono y volví a meter todas las cosas en mi bolso, de donde las había sacado en mi frenética búsqueda antes de que el aparato dejara de sonar. Los pasajeros de distintas aerolíneas me esquivaban impacientes, algunos frunciendo el ceño o lanzándome miradas por encima del hombro, mientras que el alto y casi ininteligible anuncio terminaba de escucharse. Volví a pegarme el teléfono al oído. «Hola, cariño», dije. «Ahora te oigo». Nick se había adelantado y llevaba ya tres días en Grecia, preparando el camino. Yo iba ahora a reunirme con él.

«Chris, tenemos que hablar», fueron las palabras de mi marido, y su tono era serio.

Cuando recibía una llamada telefónica, siempre me sobresaltaba. Debido a mis constantes viajes, solía comunicarme exclusivamente mediante mensajes de texto y correos electrónicos. No obstante, el sombrío tono de Nick me perturbó incluso más de lo habitual. Se me hizo un nudo en el estómago. «¿Están bien las niñas? ¿Mi madre? ¿Ha ocurrido algo?». Por mi mente pasaron una docena de posibilidades horribles.

«Sí, sí, no», respondió Nick. «Todo está bien. Solo quiero darte unos avisos con respecto al informe que los asesores te van a presentar cuando llegues, porque...», hizo una pausa, «sé que no te va a gustar esto».

Aunque hacía tiempo ya que había aprendido a confiar en Nick por completo, seguían sin gustarme las sorpresas. Y debía tratarse de algo grande para que él sintiera la necesidad de prepararme de esta manera para la reunión que tenía por delante con varios asesores, a los cuales había contratado a fin de que nos ayudaran a pensar en cómo lanzar nuestra gran iniciativa siguiente: una organización internacional no gubernamental para combatir el tráfico humano.

Después de mi experiencia en la recogida de equipajes del aeropuerto de Thessaloniki (capítulo nueve) y tras unos quince meses de discusiones con nuestros pastores principales, un extenso tiempo de oración y mucha reflexión, Nick y yo dimos un paso de fe. No podíamos ignorar la crisis internacional de la trata de seres humanos. Era imposible que volviéramos al ministerio como de costumbre. Decidimos actuar. Creímos que Dios nos estaba pidiendo que iniciáramos una organización para rescatar, restaurar y reconstruir la vida de las víctimas de aquella lacra. La llamamos Campaña A21 como abreviatura de «abolición de la injusticia en el siglo veintiuno».

Eso había sido tan solo tres meses antes... y ahora, tan pronto, Nick me estaba comunicando que tenía noticias que no me iban a gustar.

«Chris», prosiguió Nick, «tras veinticinco días de extensa investigación, discusiones con las autoridades del gobierno, la ley en vigor, los representantes legales y otras organizaciones no gubernamentales... pues... no lo vas a creer. Los asesores han llegado a la conclusión de que no deberíamos iniciar nuestra obra en Europa con un énfasis en la Europa del Este, porque (cito sus palabras textuales) con toda seguridad fracasará. Las dificultades que nos esperan son insuperables».

¿La conclusión?, no estaba segura de estar escuchando correctamente.

Ya sabíamos, incluso antes de contratar a los asesores, que había muchas razones por las que comenzar con A21 en Grecia sería difícil. Conocíamos los desafíos. Habíamos debatido sobre ellos largo y tendido. Y habíamos resuelto que no podíamos ignorar el llamado de Dios, independientemente de la dificultad. Habíamos tomado la decisión. Contratamos a los asesores a fin de que nos ayudaran a navegar por las aguas turbulentas que estábamos seguros nos esperaban, no para que decidieran por nosotros.

De modo que, ahora con gran frustración, oí proseguir a Nick: «Su investigación sugiere que hay demasiados factores en contra para que A21 tenga alguna posibilidad de éxito en Europa del Este. Existe demasiada corrupción, y las leyes son insuficientes para proteger los derechos de las víctimas. Las mujeres siguen mostrándose renuentes a testificar contra sus secuestradores, ya que su propio bienestar y el de todos sus seres queridos han sido amenazados. Buscar y rescatar sería en extremo peligroso, porque las redes criminales tienen inmensas fortalezas en todos los ámbitos de la sociedad donde querríamos ir. Aquí la prostitución es legal y el reconocimiento del tráfico humano prácticamente inexistente, de modo que nos costaría mucho conseguir apoyo. Y además, con el estado actual de la economía, los costos de una operación de tal magnitud serían elevadísimos. No están convencidos de que podamos obtener el respaldo financiero».

Nick tenía razón. No me gustaba lo que estaba oyendo... y no podía creer lo que escuchaba. «¿Quieres decir que después de veinticinco días lo único que tienes es una lista de lo difícil que será el desafío y de por qué esto no puede funcionar? Y ni siquiera es una lista original... ¡nosotros mismos les señalamos todos estos mismos problemas en la primera reunión!». Estaba perpleja. *¿De verdad? Les habíamos pagado una buena suma de dinero a unos consejeros caros para que nos ayudaran a buscar la forma de lograrlo... ¿y lo único que podían decirnos era que resultaba imposible?*

No les había preguntado a nuestros asesores *si* podíamos dirigir una iniciativa antitráfico humano en Grecia. Les había pedido que me dijeran *cómo empezar*. Ya sabíamos que los pronósticos jugaban en nuestra contra. Conocíamos el grado de oscuridad en el que tendríamos que adentrarnos. Lo que desconocíamos, y para lo que necesitábamos su consejo, era por dónde debíamos comenzar.

¿Qué pasos debíamos dar? ¿Para qué debíamos prepararnos y cómo? ¿Dónde podíamos encontrar recursos?

Permanecí allí de pie en el aeropuerto, mientras la multitud se dividía para evitarme, repasando en mi mente todas las cosas que debíamos determinar. Mientras lo hacía, mi resolución se fortaleció. *Por supuesto que esta campaña va a ser difícil*, pensé. *Si fuera fácil, ya se hubiera llevado a cabo. Todo el mundo lo haría.* A estos asesores altamente experimentados nuestra idea —que nosotros creíamos era la idea de *Dios*— les parecía imposible. Y tal vez lo era. Pero entonces...

¿No había derrotado David a Goliat con una sencilla honda y una piedra lisa (1 Samuel 17)? Teniendo a Dios de nuestro lado, ¿no podríamos vencer nosotros también los obstáculos gigantes de nuestro camino? Como Goliat, aquellos gigantes eran enormes. Hacían un montón de ruido golpeando sus escudos con las espadas y profiriendo un montón de amenazas. Sin embargo, mayor es el que está en nosotros que el que está en el mundo (1 Juan 4.4).

Sí, yo sabía que les estábamos pagando a los asesores para que hicieran uso de su experiencia con relación a nuestros problemas y nos ofrecieran sus sinceras opiniones, ya fueran positivas o negativas. No obstante, en este caso no necesitábamos ayuda para identificar a los gigantes. Ya sabíamos dónde estaban. Precisábamos su colaboración para hallar las piedras que utilizaríamos a fin de destruirlos.

Me erguí todo lo que me permitió mi metro cincuenta y siete de estatura y respiré hondo. Para el mundo, A21 no tenía sentido. Sin embargo, nuestro fundamento para creer que tendría éxito de todas maneras triunfaba sobre la sabiduría del mundo:

- Dios está con nosotros (Romanos 8.31).
- Dios se encarga de hacer milagros donde los humanos fracasan (Hebreos 13.5–6).
- Dios nos dijo que fuéramos por todo el mundo (Mateo 28.19–20), y me había mostrado una parte del mismo tan oscura y oculta que ni siquiera sabía que estuviera allí, y no iba a permitir que lo olvidara.

«Nick», dije en voz alta, «es necesario que les digamos que Dios ya nos ha dado la victoria. Diles que podemos tomar la tierra, porque él está con nosotros. Explícales que sabemos que tienen razón en que esto no tiene sentido en términos terrenales. No obstante, iremos, porque Dios puede abrir un camino donde otros afirman que no lo hay».

Me sentía más convencida que nunca de que estábamos en el camino correcto. Es verdad que no tenía más claro que antes *cómo* produciríamos el cambio para aquellos esclavizados por el tráfico humano, pero sabía que teníamos que hacerlo. *Gracias, Dios*, oré, *por ser el Dios que nos ayuda a vencer los desafíos y las circunstancias difíciles, por ser el Dios que abre un camino en el desierto y endereza las sendas torcidas. Ahora ayúdanos a determinar el siguiente paso y el que vendrá detrás de este.*

Justo cuando decía: *Amén*, otro anuncio sonó por los altavoces del aeropuerto. «Se informa a todos los pasajeros del vuelo de Aegean Airlines a Thessaloniki, Grecia, que procederemos al embarque por la puerta A21».

DIFÍCIL, SÍ

Puerta A21. A veces Dios tiene que gritar por encima de las multitudes y el clamor para hacernos entender que aunque siempre habrá dificultades en este mundo, aquel que creó el universo puede vencerlas.

Esta fue una de esas ocasiones.

Al escoger, en el momento preciso en que A21 estaba siendo amenazada, que mi vuelo saliera de la puerta que llevaba el mismo nombre de nuestra campaña, Dios me estaba recordando sutilmente quién estaba al mando: *sí*, me estaba diciendo, *los pronósticos están en tu contra. En realidad, son abrumadores. Sí, cada ápice de razón y todos los consejos por los que has pagado advierten que te detengas incluso antes de empezar. Sí, los gigantes a los que te enfrentas pueden hacer que pienses que no hay camino hacia adelante. Sin embargo, ninguna de estas cosas pude detenerme, y cuando cumples mi voluntad, tampoco te podrán detener a ti.*

«En este mundo afrontarán aflicciones», prometió Jesús (Juan 16.33), y añadió, «pero ¡anímense! Yo he vencido al mundo».

Dios siempre está con nosotros y siempre abre un camino para que hagamos su voluntad, para que llevemos su esperanza y su cambio a este mundo. No obstante, hay mucha tentación a pensar de otro modo. Se te pedirá que le hables a un grupo y pensarás: *¡no puedo! Soy demasiado tímido.* Querrás ofrecerte como voluntario en un refugio local, pero tu agenda te dirá que estás demasiado ocupado y que no puedes añadir otra actividad. Te apetecerá darle algún dinero, provisiones y bienes a una familia cuya casa se ha quemado, pero tu talonario de cheques te indica que no hay suficiente en tu cuenta para pagar ni tus propias facturas, mucho menos para ayudar con las de otros. Sentirás el deseo de hacer un cambio de carrera a fin de seguir lo que sabes que es tu llamado, pero tu confianza murmurará: *quédate dónde estás. ¡Las incógnitas son demasiadas! No tiene sentido abandonar un empleo por el que otros matarían, solo para intentar experimentar una efímera sensación de felicidad.*

Dificultad es como un matón que te sale al paso e intenta forcejear contigo y tirarte al suelo hasta que te rindas. No importa lo que estés intentando hacer, si merece la pena, ella intentará gritar más fuerte que Dios y que tus propios pensamientos, confundiéndote. Dificultad trata de crecer tanto que solo puedas ver lo que tienes delante de tus narices: los problemas, los obstáculos y los muros. Ella canta una vieja canción. Cualquier cosa que intentes hacer te requerirá demasiado tiempo, dinero, riesgo, comodidad, salud, fuerza, autodisciplina...

A Dificultad le gusta cantar sobre los obstáculos que han estado por todas partes desde el comienzo de los tiempos.

En realidad, la melodía de Dificultad es tan antigua como Moisés.

Cuando él condujo a los hijos de Israel fuera de la esclavitud, Dificultad estaba allí, a cada paso del camino, cantando: «No se puede, no lo hagas, no esto, no aquello». El faraón le concedió la libertad al pueblo, y Dificultad se rió y sentenció que esto les costaría a los israelitas sangre (la vida de seres queridos, Éxodo 11), sudor (el trabajo aumentaba, Éxodo 5) y lágrimas (porque los acosarían todo tipo de plagas, desde ranas, moscas y langostas hasta granizo, tumores y ganado sacrificado, Éxodo 7—11).

Incluso después de que Dios librara a los israelitas de estas cosas, Dificultad cantaba en la distancia: «¡Esto no ha acabado!». Dificultad es así. Merodea. Acecha. Cuando vio que los israelitas consiguieron su libertad, los amenazó: «No crean que *me* van a dejar atrás». Estaba con ellos a orillas del Mar Rojo, y en el desierto, donde no había agua ni alimento, ni un camino claro hasta la tierra prometida.

¿Y por qué? ¿Qué quería? Buscaba que los israelitas se detuvieran, que regresaran a Egipto.

¿Y si lo hubieran hecho? Tal vez seguirían allí esclavizados hasta el día de hoy. Construyendo todavía el reino de su opresor y sus templos en lugar del de Dios. Habrían continuado sufriendo injusticias en lugar de disfrutar la libertad del Señor. Hubieran languidecido bajo el control del faraón en vez de conquistar todo lo que Dios los había llamado a poseer.

No dejes que Dificultad impida que te atrevas a ir a donde Dios quiere que vayas. Él abrirá un camino.

¿IMPOSIBLE? NO

Dios abrió un camino para los hijos de Israel. Cuando Dificultad estuvo diciéndoles que no había ninguno, él los introdujo en la tierra prometida. Abrió el Mar Rojo (Éxodo 14), los alimentó con pan del cielo (Éxodo 16) y les mostró agua en el desierto (Éxodo 17). Dios les abrió camino una y otra vez a pesar de Dificultad, durante más de cuarenta años.

Cuando los israelitas estaban a punto de entrar en la tierra prometida, Dios hizo que Moisés reuniera a un grupo de doce para que fueran a reconocer lo que había delante de ellos y volvieran a informar con detalles (Números 13). Dios no ordenó que Moisés les preguntara a los exploradores *si* podían poseer la tierra. Ya les había dicho que se las daría... era un hecho, no una posibilidad. Lo que Moisés les pidió fue que consideraran *cómo* ir. Quería saber si la gente de aquel lugar era fuerte o débil, poca o mucha. Si la tierra era rica o pobre, si sus ciudades carecían de muros o estaban fortificadas. Si había árboles o no, si la tierra era buena o no valía nada.

Mantente en el lugar al que Dios quiere que vayas

Solo dos de los doce exploradores que Moisés envió entendieron su misión. Diez de ellos volvieron e informaron que la tierra era grande y su gente mucho más grande aún (Números 13.28,32). Lo único que pudieron ver fueron los gigantes, los obstáculos. Josué y Caleb recordaron lo que se les había pedido: no se trata de decidir *si* podían tomar la tierra, sino de descubrir cómo estaba dispuesta y lo que los israelitas necesitarían para conquistarla.

Nick y yo simpatizábamos con Moisés; sentíamos como si estuviéramos en la misma situación. Habíamos querido que los exploradores que enviamos, los asesores, nos ayudaran a dilucidar cuál sería la mejor forma de reclamar lo que Dios ya nos había dado. Estábamos listos para ir, y sabíamos que Dios estaba con nosotros. Solo necesitábamos que alguien estudiara el terreno. Precisábamos exploradores con visión, no con excusas.

Ver las posibilidades y su promesa

Cuando aparece Dificultad, Dios quiere que veamos y oigamos algo más... algo más allá de los obstáculos. Dos de los exploradores, Josué y Caleb, lo hicieron. En vez de mirar solo lo que tenían delante, mantuvieron sus ojos en Dios, que era más alto y grande. (Dios *siempre* es más alto y grande.) En lugar de dejarse distraer por todo lo que parecía imposible, vieron lo que era posible. El canto que oían en su cabeza no era la antigua y triste canción de Dificultad, sino el cántico de todo lo que Dios les había prometido. Era como si pudieran escuchar ese salmo de júbilo que cantarían cuando entraran a aquella tierra (Josué 5). En lugar de enfocarse en los problemas, recordaron la promesa de Dios: una tierra de abundancia para su pueblo. Podían verla, sentirla, probarla.

«Subamos a conquistar esa tierra. Estoy seguro de que podremos hacerlo» (Números 13.30).

Ellos sabían que los mismos milagros que Dios había realizado para sacar a los hijos de Israel de Egipto bastarían para hacerlos entrar a la tierra prometida. Esta tarea no era más difícil ni se requerían milagros mayores. Dios —el mismo hoy, ayer y mañana (Hebreos 13.8)— era suficiente.

Entonces, ¿por qué solo dos de los doce exploradores consideraron que la tierra podía ser suya? ¿Por qué diez de ellos lo negaron diciendo: «No podremos combatir contra esa gente. ¡Son más fuertes que nosotros!» (Números 13.31)? Dos de los hombres percibieron lo que Dios podía lograr. Diez solo vieron lo que Dificultad les dijo que no podían hacer. ¿Y por qué? Porque... ¿sabes lo que había en la tierra? ¡Gigantes! «Los hombres que allí vimos son enormes [...] Comparados con ellos, parecíamos langostas, y así nos veían ellos a nosotros» (Números 13.32–33).

Entonces, como ahora, obedecer a Dios requería vencer a los gigantes.

Somos muy capaces, nos dice Dios cuando la intimidante Dificultad se cruza en nuestro camino. Salmos 18.29 promete que, con Dios, podemos asaltar murallas.

Somos muy capaces, quería recordarles a nuestros asesores con respecto a A21. Ellos y nosotros caminábamos por la misma senda, pero veíamos cosas distintas. Ellos se enfocaban en todo lo que sabíamos que teníamos en contra. Estaban a punto de comenzar junto a nosotros algo que Dios quería, pero se lo perdieron. Los mismos gigantes sobre los que Dios nos estaba dando la victoria los abrumaron incluso antes de que entráramos en la batalla.

Aparta tus ojos del matón de este mundo, Dificultad, y ponlos en Dios, que promete que nada es demasiado difícil para él (Mateo 19.26).

Sigue adelante, paso a paso

Siempre hay que dar un primer paso, y luego otro, y otro. Cuando Dios le dijo: *ve*, Moisés escogió exploradores de cada tribu para que entraran en la Tierra Prometida; no hubo un tiempo de espera (Números 13.21–24).

Nick y yo sabíamos que Dios nos había escogido para empezar A21. Él se mantuvo dirigiéndonos hasta el mismo borde y entonces nos dijo: *vayan*. De modo que, aunque los asesores se opusieron y dijeron que no había un camino, ni mapa, ni suficientes provisiones, sabíamos que teníamos que ir de todos modos. Teníamos que empezar desde donde estábamos, con lo que teníamos, y Dios proveería lo que necesitáramos cuando fuera preciso. Así que tomamos una decisión. Era noviembre cuando los asesores nos participaron sus nefastas advertencias. Sin embargo, decidimos que el equipo que teníamos en Grecia desde el mes de agosto anterior permanecería allí, y seguiríamos adelante con nuestros planes de hacer crecer nuestra oficina legal y abrir un refugio para las víctimas rescatadas, a pesar de los consejos de los asesores.

Jesús nos dijo que a los ojos humanos, muchas cosas parecen imposibles (Mateo 19.26). «Mas para Dios todo es posible». Confiaríamos en esa promesa.

Allana el camino con oración

Al igual que los israelitas, los mayores gigantes a los que nos enfrentamos son los espirituales: dificultad. Desaliento. Rodeos causados por una falta de confianza, orgullo o temor.

No obstante, como aprendieron Moisés, Josué y Caleb, se mata mejor a estos gigantes mediante una conversación con Dios, presentando nuestras peticiones y alabándolo, escuchándolo (Números 14).

La oración te permite derribar a Dificultad, aunque estés de rodillas. Encierra un poder como no hay otro, es una gran primera opción y no tan solo un último recurso. Cuando avanzas inconmovible hacia el futuro, los milagros empiezan a ocurrir. Lo imposible se vuelve posible.

Sin saber qué más hacer, movilizamos a cuantos conocíamos para orar por cada dificultad que según los asesores imposibilitaría el éxito de A21.

Nuestro primer desafío consistió en establecer una casa segura para las víctimas rescatadas. Abriríamos nuestra oficina legal en Thessaloniki y contrataríamos a un abogado y un director de operaciones, pero las autoridades nos advirtieron que tardaríamos al menos dos años en conseguir todas las aprobaciones y los permisos para abrir y poner en funcionamiento la casa de rescate, y no existían garantías de que nos concedieran las licencias necesarias una vez procesada nuestra solicitud.

Decidimos que lo único que podíamos hacer era observar y orar. De modo que mientras orábamos, nuestra abogada presentó nuestras solicitudes y se reunió con la unidad regional antitráfico humano. Cuando compartía su pasión por ver rescatadas y restauradas a las muchachas, algo extraño sucedió. Ella contó sobre uno de sus propios hijos que había muerto y cómo, aunque nunca lo volvería a tener en sus brazos en esta tierra, podía ayudar a que otros padres abrazaran a los suyos. «Por favor», suplicó «ayúdenme a ayudar a otros a salir de este dolor».

La jefa de la oficina regional comenzó a llorar. En sus años de trabajo jamás había oído una solicitud tan apasionada, sincera y auténtica.

Aquel mismo día recibimos el permiso necesario. Esto no ocurre jamás en Grecia: obtener una aprobación en solo un día. Y eso fue en diciembre... ¡menos de un mes después del informe negativo de los asesores! No solo recibimos la licencia, sino que nos ofrecieron las instalaciones: nos dijeron que había una casa segura disponible, ya registrada. Solo teníamos que presentarnos con el dinero para renovarla y pagar el alquiler.

Dios no solo nos dio lo que necesitábamos (el permiso), sino mucho más (las instalaciones).

No debe sorprender que, una vez más, Dificultad asomara la cabeza: no podíamos permitirnos pagar la renta mensual.

De nuevo recurrimos a orar: *Señor, abre un camino*. Mientras orábamos, recibimos llamadas de personas de varias iglesias, preguntando cómo podían ayudar a sostener esta nueva obra.

No podía creerlo. Habíamos orado pidiendo ayuda, y Dios no solo nos mostró dónde conseguirla. La trajo hasta nosotros.

Y así nos sucedió con cada paso que dimos para fundar A21. Oramos por la senda a seguir —por estar alineados con la voluntad de Dios, por su favor, por recursos y para que se nos abrieran puertas— y aunque los asesores nos dijeron que no había forma de hacerlo, Dios creó un camino. Tocó corazones, agilizó el papeleo, proporcionó casas y no solo proveyó lo necesario, sino mucho más.

Cuando las autoridades griegas a cargo de las investigaciones concernientes al tráfico humano se vieron obstaculizadas por los recortes de la financiación para sus misiones de búsqueda y rescate, también oramos por ellas.

Nuestra plegaria fue: *tenemos una casa segura; por tanto, Dios, tráenos a las chicas que necesitan ayuda.*

«Esto es ridículo», dijeron algunos. «Los desaparecidos y perdidos no vienen a ustedes, sino tienen que ir a buscarlos, es por eso que se le llama *rescate*».

Oramos con fervor, por turnos, las veinticuatro horas del día. *Dios si tú quieres que rescatemos a esas chicas, tendrás que abrir un camino. Si la policía no puede financiar las investigaciones, tendrás que convencer a los clientes para que nos ayuden. Obra en sus corazones.*

Un día, un hombre entró en la comisaría de policía con una muchacha que solo chapurreaba el griego. Resultó que había sido una esclava sexual y el hombre que la acompañaba era un cliente. Sin embargo, después de haber ido al burdel, pagado por sus servicios y haberla llevado a la habitación señalada, no pudo llevar a cabo lo que pretendía.

¿Por qué?, se preguntaba. Después de todo, había acudido allí con ese propósito y había pagado por ello.

¿Por qué?, intentaba entender la chica, confusa pero aliviada.

Él no podía explicarlo. Le preguntó a la muchacha si tenía documentación, un requisito legal para todas las trabajadoras del sexo registradas.

Rompiendo a llorar, ella le contó su historia en un griego chapurreado. Había sido atrapada. No estaba registrada. Era una esclava del sexo.

La verdad quebrantó el corazón de aquel hombre. Sacó a la joven del burdel y la llevó a la policía, que la acompañó a nuestra casa segura.

El agente que ayudó en la operación comentó que en veinte años de servicio policial jamás había visto nada igual. Era Navidad… y tuvimos nuestro primer cliente, la primera mujer rescatada del tráfico humano a través del ministerio de A21.

Dificultad se había burlado, advirtiéndonos que no había manera. Sin embargo, Dios creó un camino. También lo hizo cuando la pastora de nuestra iglesia local, Bobbie Houston, se despertó una mañana sintiendo una gran carga por las chicas de las naciones «istán»: Afganistán, Kazajistán, Kirguistán, Turkmenistán, Pakistán, Uzbekistán.

Quería ayudarlas, ¿pero cómo? Convocó a la Colour Sisterhood, una hermandad mundial de mujeres intercesoras, y les pidió que oraran por las jóvenes en las naciones «istán». En múltiples zonas horarias y en cada rincón del mundo, decenas de millares de mujeres conectadas por los medios sociales de Twitter y Facebook oraron por las jóvenes atrapadas en dichos países. No sabían exactamente por qué orar, pero conocían al que sí lo sabía.

Tres días más tarde, la policía dirigió una redada en el norte de Grecia. Once chicas resultaron rescatadas del tráfico humano, y algunas de ellas fueron llevadas a nuestra casa segura. Procedían de Uzbekistán.

Cuando abrieron su corazón y nos contaron sus historias, una dijo: «Oramos al Dios de Europa». Sus compañeras asintieron. Nos explicó cuál fue su plegaria: «Si eres real, si existes, Dios, ven y sálvanos. Le pedimos a Alá que nos rescatara y no lo ha hecho. De modo que si tú eres real, Jesús, envía a alguien para que nos ayude».

¿Coincidencia?

No, yo sabía muy bien de qué se trataba. Era el poder de la oración. Cuando Dificultad grita: «¡Imposible!», Dios abre un camino y dice: «Está hecho».

MI DIOS ES MUY GRANDE

Después de todo, así es como actúa Dios. Aparece. Habla. Brilla. Cuando estás convencido de que algo es difícil y peligroso, cuando todos te dicen que resulta imposible, Dios te trae a los perdidos que estaban escondidos. Allana el camino para todos los permisos pertinentes. Te conduce a las jóvenes olvidadas.

Cuando los asesores que habíamos contratado nos advirtieron que A21 estaba destinada al fracaso en Europa del Este, nos concedieron el beneficio de su experiencia y sabiduría de un modo que les parecía totalmente razonable. Estaban convencidos de decir la verdad. Hicieron un buen alegato acerca de por qué no podíamos llevar a cabo lo que sentíamos que Dios nos estaba llamando a hacer. Sin embargo, cuando decidimos obedecerle solo a él, no lo enrolamos en *nuestras filas*, sino que nos unimos a las *suyas*. Y Dios más uno es mayoría. Él es más grande que el matón Dificultad y más extraordinario que cualquier gigante.

Cuando las dificultades se interponen en nuestro camino para que no nos atrevamos a hacer lo que Dios nos llama a hacer, debemos preguntarnos: *¿a quién o qué voy a creerle? ¿A lo racional o a lo sobrenatural? ¿A lo factual o a lo verdadero?*

La Biblia nos dice que Moisés y los israelitas, y Abraham antes que ellos, llegaron todos al destino que Dios les había ordenado por medio de la fe (Hebreos 11). Su viaje no tenía sentido: dejar todo lo que tenían, lo seguro y familiar, por lo desconocido no era racional ni explicable, definible o predecible. Sin embargo, lo desconocido junto a lo inesperado, lo impredecible y lo ultrajante son imprescindibles para el ejercicio de la fe.

Se requiere fe cuando tienes dudas, cuando padeces necesidad, cuando las cosas son difíciles y nada claras. «La fe», dice la Biblia, «es la garantía de lo que se espera, la certeza de lo que no se ve» (Hebreos 11.1).

No podemos tocar la fe, pero esta puede mover montañas. Las Escrituras lo expresan de este modo: quizás no seas capaz de sujetar la fe o meterla en una caja, pero es real y poderosa, y puede conquistar reinos, administrar justicia, ganar lo prometido. Puede cerrar la boca de los leones, apagar la furia de las llamas, librar del filo de la espada, resucitar al que lleva tiempo muerto, acabar con la tortura y liberar a los encarcelados (Hebreos 11.33–38). La fe puede llevarte a donde Dios quiere que estés.

En ocasiones, es posible considerar la vida como un conflicto entre la fe y ese viejo matón Dificultad. Le gusta interponerse en nuestro camino para impedir que veamos todo lo que hay más allá.

Es precisamente entonces cuando necesitamos la fe.

¡Cuán engañosa es nuestra perspectiva acerca de las cosas que Dios nos llama a hacer! Vemos problemas. Él ve posibilidades. Vemos dificultad. Él ve destino. Vemos a una mujer desaliñada, rebuscando en su bolso para encontrar su teléfono en el barullo de un aeropuerto lleno de gente, y Dios ve a una persona con un llamado y un propósito, y con algo grande por hacer en un lugar habitado por todo tipo de gigantes.

Para Dios no hay promesa demasiado difícil que no pueda cumplir. Cuando nuestros asesores nos advirtieron a Nick y a mí que A21 nunca funcionaría en Europa del Este, que necesitaría mucho más que alas y una oración para volar, solo nos quedamos con una parte de su consejo.

La parte de la oración.

Ahora tenemos oficinas por todo el mundo. Y A21 trabaja para que se tome conciencia del tráfico humano, establecer programas de prevención en las escuelas y orfanatos, representar a las víctimas como abogados legales, y proporcionarles refugio en casas seguras y una posterior restauración en hogares de transición.

Dios no eliminó todas las dificultades de nuestro camino. Los problemas son parte de este mundo. No obstante, Dios es mayor que cualquiera de ellos. Él ve por encima y más allá de cualquier obstáculo. Nos conduce paso a paso escalando montañas y descendiendo a los valles que quiere que conquistemos, porque no hay oración demasiado grande que él no pueda responder ni problema demasiado complicado que le sea imposible solucionar. No existe enfermedad que no sea capaz de curar ni corazón que no consiga aliviar. No hay esclavitud que Dios no pueda romper, necesidad que sea incapaz de suplir, enemigo que no logre vencer ni montaña que le resulte imposible de mover.

No hay nada que mi Dios no pueda hacer.

Jamás olvidaré el día en que mi hija Catherine volvió a casa después de la Escuela Dominical con una canción en los labios: «Mi Dios es muy grande». Como hacen la mayoría de los niños, siguió cantándola una y otra vez, como si el botón de «repetir» del reproductor de CD se hubiera quedado atascado. «Mi Dios es muy grande, muy fuerte y poderoso; no hay nada imposible para mi Dios [palmadas]...».

Al final, esta repetición sin fin empezó a sacarme de mis casillas. Quizás había llegado el momento de despedir a la pastora de niños... u obligarla a enseñarles algunas canciones nuevas. Estaba a punto de pedirle a mi hija: «Catie, mamá necesita un poco de silencio, a solas». Entonces me detuve. *¿Qué pasaría si esto es todo lo que Catherine sabe y cree acerca de Dios?*, pensé. *¿Y si la verdad de estas simples palabras está entretejida en la tela misma de su corazón y en cada fibra de su ser? Imagina lo que podría hacer si de verdad creyera que no hay dificultad, obstáculo o valla que consiga derrotar el plan de Dios para su vida. Piensa en las dificultades que podría vencer sin un segundo pensamiento o mirada.*

¡Cuánto deseaba yo ese tipo de fe!

«Mi Dios es muy grande», empecé a cantar junto con ella.

Sigo enfrentándome a gigantes, pero estoy decidida a no dejarme detener por ellos.

«Ve por todo el mundo», me dijo Dios (Mateo 28.19).

Él no dijo cómo. No dijo si. Solo ordenó: ve y busca a los perdidos. Halla a los desaparecidos. Tráelos a esta tierra donde hay abundancia de esperanza. Empieza por el lugar donde estás, con lo que tienes, como puedas.

A lo largo de este libro he intentado explicar, de tantas maneras y tan claro como me es posible, que Dios ha puesto delante de cada uno de nosotros una misión fascinante que transforma el mundo. Y él quiere obrar *en* nosotros, prepararnos, capacitarnos y calificarnos, a fin de poder trabajar *a través* de nosotros. Para algunos, la misión a la que nos llama o la perspectiva de entregarle nuestra vida de modo que pueda prepararnos resulta intimidante. Sin embargo, para poder vivir de un modo verdaderamente *inconmovible*, para pedirles a otros que tenga fe, debes depositar tu propia fe en Dios. Sigues a un Dios que se conmueve con tus oraciones y tus lágrimas, así como te emocionarían a ti las palabras y el llanto de tu propio hijo. Y cuando Dios se conmueve, mirarás por encima y más allá de cualquier gigante que se interponga en tu camino, porque Dios lo apartará.

Después de todo, Dios puede mover montañas. ¿Por qué vacilaría a la hora de eliminar a un simple gigante?

El desafío

Cuando decides que ya basta, que la oscuridad de este mundo debe iluminarse con la esperanza de Cristo y su amor transformador, y que tú eres un conducto de ese amor, no descansarás.

Una vez que Dios hubo abierto mis ojos a los horrores de este mundo, mi inquietud creció. Las atrocidades no pertenecían a otro tiempo o lugar, sino se hallaban en la puerta de al lado, en mis calles, en mi comunidad y dondequiera que viajaba.

Y muchas de ellas podían haberme fácilmente ocurrido a mí. Mi vida pudo haber sido sumamente distinta a como es. Yo también me vi atrapada una vez. A mí tampoco me quisieron en un momento dado, me olvidaron y me sentí herida. ¿Qué habría ocurrido si hubiera permanecido en ese oscuro lugar? ¿Y si, como el número 2508 de 1966, hubiera nacido en Moldavia, Bulgaria o Rumania, en vez de en Sídney, Australia, y me hubieran dejado en un orfanato? ¿Y si nunca me hubieran adoptado unos padres amorosos, buenos y generosos? ¿Y si los que me llevaron a casa desde el hospital hubieran sido unos traficantes? ¿Y si los abusos a los que fui sometida no hubieran cesado nunca ni hubiera podido escapar de ellos?

Cada día he experimentado un despertar más profundo a esta realidad. Dios me ha sacudido para que me mantenga alerta al sufrimiento en este mundo, al encarcelamiento de personas que languidecen. Algunas veces, los barrotes son visibles. La mayor parte del tiempo no lo son. De lo que sí estoy totalmente segura es de que a pesar de todas sus cosas buenas y su belleza, este mundo es demasiado oscuro para que nos contentemos con dormitar. Cada amanecer es un recordatorio de que tenemos un nuevo día, otra oportunidad de producir un cambio.

Cuando me acuesto a dormir por la noche, mi vida parece demasiado alejada de aquellos que se encuentran atrapados, suplicantes, quebrantados; en realidad, son mundos aparte. Estoy felizmente casada, con hijas sanas y felices, vivo en un hogar amoroso y seguro, puedo ir y venir, así como viajar por el mundo con un propósito y sorprendentes oportunidades de enseñar y aprender. Mi familia y yo tenemos comida, ropa, abrigo y cuidados médicos. Mi futuro está lleno de sueños, planes, metas, visión. Soy libre. No obstante, en la obra de A21 y durante mis viajes conozco a muchos que languidecen, olvidados, sin justicia, amor o esperanza, sin ninguna promesa de que sus vidas —o la de sus hijos— mejorarán algún día.

Nuestras situaciones no podrían ser más distintas, sin embargo, la brecha entre nuestras vidas es en realidad sumamente pequeña, muy delgada... en forma de cruz.

Sobre esa brecha está Jesús, que ha colocado su cruz para que sirva de puente entre el mundo de la oscuridad y el de la luz, la libertad, la verdad y el amor.

Y es que cuando todavía nadie nos amaba, él lo hizo.[1]

Antes de que pudiéramos ser escogidos, él nos eligió.[2]

Cuando estábamos quebrantados y dañados, alimentándonos de la amargura y la culpa, él nos resarció y nos mostró cómo darnos un banquete de perdón.[3]

Cuando estábamos sin esperanza, él se convirtió en nuestra esperanza.[4]

Cuando estábamos sobrecargados con las preocupaciones de este mundo, él nos interrumpió para mostrarnos lo que es eterno.[5]

Cuando estábamos perdidos, él nos encontró, nos rescató y nos mostró que su misericordia y su justicia prevalecerán.[6]

Cuando estábamos decepcionados, nos sustentó para mostrarnos cómo las desilusiones nos pueden llevar a lo que él tiene designado para nosotros.[7]

Cuando estábamos asustados, él nos alentó, permaneció con nosotros y nos mostró cómo iluminar la oscuridad con su luz.[8]

Cuando las cosas se pusieron difíciles, tiró de nosotros, nos empujó y nos llevó en sus brazos para que pudiéramos tirar de otros, empujarlos y llevarlos.[9]

Hizo suya la cruz para abrir un camino sobre el abismo espantoso, capacitándonos para caminar también por encima de la brecha, llevando su amor, su esperanza y el cambio a un mundo sumido en la oscuridad y que gritaba de miedo.

«Como tú me enviaste al mundo, yo los envío también al mundo» (Juan 17.18).

Jesús nos ama, nos escoge y nos restaura, no solo para su propio placer, sino para que podamos unirnos a él y alcancemos un mundo que de otro modo estaría perdido. Él siente pasión por salvar a la humanidad y dio su vida por esta misma razón. Porque «Dios no envió a su Hijo al mundo para condenar al mundo, sino para salvarlo por medio de él» (Juan 3.17). Y Jesús nos encomendó que vayamos a ese mismo mundo y hagamos brillar su luz en la oscuridad, de modo que otros puedan ser rescatados y libertados.

Sin embargo, nosotros nos adormecemos. Dormimos.

Cuando Jesús nos pidió que fuéramos por todo el mundo (Mateo 28.19), no quería decir que esperáramos a mañana, o hasta tener el empleo adecuado, o hallar el cónyuge perfecto, o haber educado correctamente a los niños, o que la casa estuviera ordenada, o que encontráramos un fin de semana libre. Cristo nos trajo luz en las tinieblas para que lleguemos a todo aquel que está viviendo ahora una pesadilla. Anhela sacudirnos y despertarnos para que podamos proclamar la verdad: que la humanidad ha sido creada para la eternidad, pero se encuentra atrapada en el tiempo, y este está llegando a su fin. Jesús desea que seamos un faro en la oscuridad. Desea que encontremos y rescatemos a otros, porque sabemos lo que supone estar perdidos y ser hallados, sufrir y ser sanados.

Quiere que marchemos sobre la brecha donde ha colocado su cruz, para que caminemos como él, para que caminemos con él.
Renuentes a permanecer dormidos.
Sin miedo a la oscuridad.
Impávidos frente a la decepción.
Imparables ante la dificultad.
Inconmovibles.

Notas

Capítulo 1: El momento de *La lista de Schindler*

1. Los números son deshumanizadores, desensibilizan y resultan horriblemente indiferentes. Por cada número general existen miles de individuos cuya vida está en juego. La ONU estima que hay veintisiete millones de esclavos en el mundo, dos millones y medio de los cuales son personas atrapadas en el tráfico humano. Más de ocho millones de niños por debajo de los cinco años mueren cada año de malnutrición y enfermedades en su mayoría prevenibles. Casi cinco mil personas mueren cada día por VIH/SIDA. Más de ochocientos ochenta y cuatro millones de seres humanos no tienen acceso a fuentes de agua potable. Al menos dos mil niños fallecen cada día debido a la pobreza. Se estima que ciento veintiún millones de personas sufren de depresión y un millón comete suicidio cada año. Entre cien y ciento cuarenta millones de niñas y mujeres viven con las consecuencias de la mutilación de genitales.

2. Salmos 69.28; 139.16; Isaías 49.1; Apocalipsis 3.5; 17.8; 20.12–15.

3. Lucas 4.18.

Capítulo 2: No soy quien creía ser

1. Salmos 139.13–16.

2. Romanos 8.38–39.

3. Juan 3.16; 14.1–15.

4. Efesios 2.10.

5. Deuteronomio 31.6; Salmos 46.1; 63.8; Efesios 2.1; Hebreos 13.5–6; 1 Juan 4.8–19.

6. Juan 8.30–32.

Capítulo 3: Número 2508 de 1966

1. Génesis 1.27; Efesios 2.10.

2. Efesios 2.10.

3. Deuteronomio 31.6; Juan 10.27; Hebreos 13.5.

4. Isaías 49.1.

5. Ibíd.

6. Marcos 13.31.

7. Isaías 43.1; Malaquías 3.16; Filipenses 3.14, 20; 4.3; Apocalipsis 20.15–16.

Capítulo 5: ¿Desamor o un gran paso adelante?

1. «Blessed Be Your Name» [«Bendito sea tu nombre»], de Matt y Beth Redman. Copyright ©2002 Thankyou Music (PRS) (adm. mundial en EMICMGPublishing.com, excluida Europa cuya administración está a cargo de Kingswaysongs). Reservados todos los derechos. Utilizado con permiso.

Capítulo 7: Una vez anduve perdida

1. Juan 8.12.

Capítulo 9: Interrupción divina

1. La página web de la familia es www.findmadeleine.com.

Conclusión: El desafío

1. 1 Juan 4.19.

2. Efesios 1.4.

3. Colosenses 2.13.

4. 1 Pedro 1.3.

5. Lucas 15.

6. Lucas 4.17–21; 1 Pedro 2.24.

7. Juan 6.24–35.

8. Juan 1 y Juan 8.12.

9. Mateo 28.18–20; Isaías 53.4–5.

Agradecimientos

Estaré por siempre agradecida con todas las personas que me han ayudado a convertir *Inconmovible* en una realidad. Para ser sincera, me sentía intimidada por completo ante la perspectiva de escribir este libro. Es el libro que estaba convencida debía escribir, sin embargo, me sentía totalmente inepta cuando llegó el momento de poner sobre el papel las palabras almacenadas en mi corazón. Ahora entiendo como nunca antes que en realidad es necesario que muchas personas se unan a un autor para producir un libro. No tengo suficientes palabras para darles las gracias de forma adecuada a todos los que han participado en este proyecto, ya sea de forma directa o indirecta, pero por favor, sepan que mi gratitud fluye desde lo más profundo de mi ser.

Quiero darle las gracias a todo el equipo de Zondervan, que fue más parecido a una familia que a un grupo editorial durante este proceso. De no ser por mi editora ejecutiva, Sandy Vander Zicht, no estoy segura de que hubiera libro. Ella creyó en mí y no me permitió rendirme cuando desesperadamente quise hacerlo. Sus oraciones y las de su grupo de estudio bíblico me sostuvieron durante este largo y a veces doloroso proceso. Mi agradecimiento especial a Greg Clouse por sus revisiones y su vista para los detalles. Gracias a Tom Dean y su equipo por ayudar a que el mensaje alcanzara a la audiencia más amplia posible. A Robin Phillips por asegurarse de que una valiosa guía del participante acompañara al currículo.

La asombrosa Jeanette Thomason me ayudó a utilizar con destreza las palabras que le dieron vida a las historias, y juntas procesamos gran parte de la lucha de tomar lo que estaba en mi corazón y convertirlo en frases. Sin su incansable esfuerzo y compromiso, este libro no sería lo que es. Liz Heaney fue un regalo de Dios, no solo ayudando a resaltar «el libro» en el libro, sino alentándome con frecuencia y expresando su convicción de que podía y debía escribirlo. Me pregunto a menudo qué habría ocurrido si Dave Lambert no hubiera tomado cartas en el asunto para llevar el manuscrito del punto en el que se encontraba a aquello en lo que se ha convertido. Personalmente creo que es un genio.

En este viaje, gran cantidad de amigos amados han caminado a mi lado y leído más revisiones del manuscrito de las que nadie debería leer jamás, ofreciendo siempre nuevas ideas y perspectiva. Mi agradecimiento de todo corazón a Annie Dollarhide, Natalie Laborde, Kristen Morse y Bianca Olthoff. Jamás sabrán cuánto me ayudaron su amor, su apoyo y su estímulo para terminar este libro.

Me siento enormemente agradecida con mis pastores principales, Brian y Bobbie Houston, y mi familia de la iglesia Hillsong. Cuando hallé un «hogar» en mi iglesia local fue que comenzó de verdad mi jornada de restauración y sanidad. Me amaron y creyeron en mí cuando era joven, inmadura, y estaba sumamente destrozada. Una gran parte de lo que soy en la actualidad puede atribuírsele a la iglesia local donde me he congregado todos estos años.

Dado que este libro contiene una parte muy importante de mi propio viaje, debo también darle las gracias a mi madre espiritual, Joyce Meyer, que creyó en mí y me ayudó a avanzar a través del dolor de mi pasado y aferrarme a las promesas de Dios para mi futuro. Ella es una mujer que ha sido un ejemplo para mí en todas las formas concebibles de lo que significa en verdad ser *inconmovible*. Ha apoyado nuestra labor en el ministerio desde el principio y siempre me ha alentado como a una hija en la fe. Es mi verdadera heroína.

No podría empezar a expresarle mi gratitud a Max Lucado por aceptar escribir el prólogo de este libro. Dios ha utilizado sus propias palabras muy a menudo para inspirarme y alentarme. Que haya añadido tan amablemente su fuerza a mi mensaje es uno de los mayores honores de mi vida.

Más que ninguna otra persona, mi esposo Nick y nuestras hijas Catherine y Sophia fueron quienes me acompañaron cada segundo de cada minuto de cada hora de cada día de cada semana de cada mes de cada año que me tomó escribir *Inconmovible*. Solo el cielo conoce los sacrificios que han hecho para permitirme escribir este libro, y les estoy por siempre agradecida. Mi amor y mi admiración hacia ellos son indescriptibles.

Estoy eternamente agradecida por y a mi Señor y Salvador Jesucristo.

Acerca de la autora

Conocida por su capacidad de comunicar profundos mensajes de esperanza e inspiración, Christine Caine siente pasión por alcanzar a los perdidos, fortalecer el liderazgo, defender la causa de la justicia, y edificar la iglesia local a nivel mundial.

En el año 2008, Christine y su esposo, Nick, fundaron la Campaña A21, una organización dedicada a hacerle frente a la injusticia del tráfico humano en el siglo veintiuno. El amplio enfoque de A21 incluye la concienciación, la prevención de operaciones futuras de la trata de personas, el emprendimiento de acciones legales y el ofrecimiento de servicios de apoyo a los supervivientes.

Christine Caine es una ferviente creyente en el poder esperanzador de la iglesia local y forma parte del equipo de liderazgo de la Iglesia Hillsong en Sídney, Australia. Es autora de cuatro libros, entre los que se incluyen *A Life Unleashed* [Una vida desatada] y *The Core Issue* [La cuestión central].

LA CAMPAÑA A21

EL 99% DE LAS VÍCTIMAS DEL TRÁFICO HUMANO NO HA SIDO RESCATADO... TODAVÍA.

Cuando se les confronta con las espeluznantes estadísticas que giran en torno a la trata de seres humanos, la mayoría de las personas coinciden rápidamente en que **alguien debería hacer algo.** La Campaña A21 nació cuando decidimos ofrecernos como voluntarios y unirnos a las filas de «alguien». En el año 2007, con poco conocimiento y mucha pasión, empezamos a producir un cambio.

Hoy estamos estratégicamente posicionados en Europa, Norteamérica y Australia para abolir la injusticia del tráfico de personas y rehabilitar a sus víctimas.

El objeto de A21 es cuádruple:

1. Impedir que se trafique con personas.

2. Proteger a los que han sido víctimas de este tráfico y proporcionar servicios de apoyo.

3. Procesar a los traficantes y fortalecer las respuestas legales ante este delito.

4. Asociarse con los agentes de la ley, los proveedores de servicio y los miembros de la comunidad para formar un frente integral contra el tráfico humano.

PORQUE... cada UNO importa.

www.TheA21Campaign.org

Nos agradaría recibir noticias suyas.
Por favor, envíe sus comentarios
sobre este libro a la dirección que
aparece a continuación.
Muchas gracias.

vida@zondervan.com
www.editorialvida.com

Printed in the USA
CPSIA information can be obtained
at www.ICGtesting.com
JSHW032248240924
70346JS00009B/82